本书为教育部创新团队发展计划系列成果之一
CCES当代中国经济研究系列

经济改革、集聚经济和不均衡增长

中国产业空间分布的经济学观察，
1980—2010

ECONOMIC REFORM,
AGGLOMERATION ECONOMIES,
AND UNBALANCED DEVELOPMENT
SPATIAL ASPECTS OF ECONOMIC GROWTH
IN CHINA, 1980—2010

吴建峰 著

北京大学出版社
PEKING UNIVERSITY PRESS

图书在版编目(CIP)数据

经济改革、集聚经济和不均衡增长:中国产业空间分布的经济学观察,1980—2010/吴建峰著. —北京:北京大学出版社,2014.9
(CCES 当代中国经济研究系列)
ISBN 978-7-301-24905-5

Ⅰ.①经… Ⅱ.①吴… Ⅲ.①产业经济学-研究-中国-1980—2010 Ⅳ.①F121.3

中国版本图书馆 CIP 数据核字(2014)第 225642 号

书　　　名:经济改革、集聚经济和不均衡增长:
　　　　　　中国产业空间分布的经济学观察,1980—2010
著作责任者:吴建峰　著
策划编辑:徐　冰
责任编辑:黄炜婷
标准书号:ISBN 978-7-301-24905-5/F·4062
出版发行:北京大学出版社
地　　　址:北京市海淀区成府路 205 号　100871
网　　　址:http://www.pup.cn
电子信箱:em@pup.cn　　QQ:552063295
新浪微博:@北京大学出版社　@北京大学出版社经管图书
电　　　话:邮购部 62752015　发行部 62750672　编辑部 62752926　出版部 62754962
印　刷　者:北京大学印刷厂
经　销　者:新华书店
　　　　　　730 毫米×1020 毫米　16 开本　12.25 印张　135 千字
　　　　　　2014 年 9 月第 1 版　2014 年 9 月第 1 次印刷
印　　　数:0001—3000 册
定　　　价:36.00 元

未经许可,不得以任何方式复制或抄袭本书之部分或全部内容。
版权所有,侵权必究
举报电话:010-62752024　电子信箱:fd@pup.pku.edu.cn

序言

世纪交替之际,中国的改革开放对世界经济格局产生了巨大影响。麦肯锡全球研究院估算了全球 GDP 的空间分布,发现在 21 世纪头十年,世界经济重心从欧洲向东转移了 1400 公里,比第二次世界大战后世界经济重心从欧洲向北美转移速度快 30%。尤其是,中国发展为世界制造加工基地。[①] 中国的兴起,推动了制造产业链在周边东南亚国家的壮大,也加速了西方发达国家的就业结构从制造业向服务业转移。与此同时,中国的改革开放对国内的产业布局也产生了巨大影响。一方面,中国经济发展的重心由冷战时期的从沿海向内地转移,变为从内地往沿

---

① McKinsey Global Institute (2012): "Urban world: Cities and the rise of the consuming class."

海转移，沿海地区制造业出口增长明显。另一方面，随着劳动力流动的提高，产品市场的不断整合，地区间的产业分工和各产业的区域集中程度大大提高。

对学术而言，如何认识市场机制对经济空间格局的作用，以及空间格局变化对资源分配效益和生产率水平的影响，成为经济学的重要命题。在世界经济版图发生巨大变化的同时，经济学对空间格局的认识和分析工具也取得了重大发展。就业与产业链的集中对降低交易成本、提高专业分工和生产率、促进学习和激发创新的积极作用得到了广泛认同。这一认同成为新贸易理论、新增长理论和新经济地理理论的基本出发点，为我们观察和分析经济空间格局的变化及其影响提供了新的视角。

建峰将他多年经济理论学习的心得、对中国改革开放带来的产业结构布局变化的观察分析，集于一书。对于国内经济地理与区域经济的学生，这本书介绍了许多有用的最新的经济理论发展，并提供了丰富的分析案例。这些案例显示了改革开放对区域间资源分配产生的影响，也为检验市场机制对产业布局的作用提供了新的证据。对于国内外关心中国经济发展的人士来说，这本书不仅提供了一套比较完整的产业结构布局变化的数据描述，并且应用多种理论视角来揭示产业布局演变与区域发展的动力。

今天，中国经济改革正面临新的挑战。中国对出口拉动经济增长的依赖难以持续。这是中国在全球贸易中比重的升高、欧美在金融危机后调整经济结构的必然后果。内需的扩大需要改革——提高低收入阶层的技能、增加公共服务支出、加强社会保障及降低服务业成本。中国制造业增长也面临国内劳动力成本、能源成本和环境成本上升的制约。经济增长转向服务业是必然趋势。在这样的背景下,产业布局演变与区域发展的动力也将有所变化。尽管这些新的挑战不在本书讨论范围之内,本书所显示的改革与区域经济发展的高度关联、市场机制对产业布局变化的作用,有助于我们把握改革与区域经济发展的互动,更好地推进改革。建峰的这份努力,值得推荐。

符育明
新加坡国立大学设计与环境学院副院长
房地产系教授

目录

第一章	导论	1
1.1	研究背景	2
1.2	研究框架、目标和特色	6
1.3	数据的来源和处理方法	8
1.4	研究内容和结构	10

第二章	市场一体化和地区专业化	15
2.1	引言	15
2.2	地区专业化的解释:文献回顾	17
2.3	中国不同地区专业化的特征事实:1980—2010	28
2.4	中国跨地区专业化演变的经济学解释	32
2.5	结论和研究展望	42

第三章	马歇尔外部性和产业集聚	45
3.1	引言	45
3.2	马歇尔外部性:文献回顾	48

3.3	产业空间集聚的描述:1980—2010	55
3.4	产业集聚中马歇尔外部性的识别	60
3.5	结论	76

第四章 产业空间流动和地区不均衡增长   79

4.1	引言	79
4.2	文献回顾:中国地区间发展不均衡	82
4.3	地区发展不均衡的演变:基于制造业细分行业的观察	87
4.4	空间集聚过程的分解和地区间产业流动估算	92
4.5	地区间产业流动和地区发展不均衡	99
4.6	结论	104

第五章 地方集聚环境和新生企业活动空间分布   107

5.1	引言	107
5.2	新生企业活动的度量和地区分布	109
5.3	企业创业活动的产生:理论和假设	112
5.4	数据和估计模型	115
5.5	估计结果	122
5.6	结论	131

第六章 产业空间集聚和企业退出   133

6.1	引言	133
6.2	理论框架和假设:基于文献的论述	135
6.3	变量选取	139
6.4	估计模型	144

6.5	估计结果和解释	146
6.6	估计结果的稳健性检验	149
6.7	结论	151

第七章 中国产业空间分布的变化趋势：从"中心—外围"走向"倒U型"? 153

7.1 中国产业空间分布的特征：1980—2010 155
7.2 地区间产业分布的倒U型的拐点到了吗？ 157

参考文献 161

后记 185

第一章

导　论

　　自20世纪90年代起,新经济地理学(New Economic Geography)逐渐兴起。新经济地理学的模型使得学者们能够在一般均衡条件下的框架里讨论引起经济活动空间分布的离心力和向心力及其产生的独特生产地理结构。2004年,爱思唯尔(ELSEVIER)出版了由Henderson和Thisse主编的《区域与城市经济学手册》(*Handbook of Regional and Urban Economics*)第四卷。该书全面梳理了近年来经济学家们关于地理和经济交互作用的研究成果(Henderson and Thisse,2004)。2008年诺贝尔经济学奖授予给了Paul Krugman,奖励其在新贸易理论和新经济地理方面所取得的杰出成就。2009年,世界银行出版了《重塑经济地理》(*Reshaping Economic Geography*)的研究报告,讨论全球经济发展的空间特征。这些都标志着"地理"概念进入主流经济学的分析世界。

　　对于中国的经济发展而言,地理的概念相当重要。辽阔的地域和复杂多样的地形使得中国地区之间的贸易往来需要支付很高的交通费用和其他贸易成本。Li et al.(2013)发现历史上相当一段时期内,中国国内市场基本处于分割状态。新中国成立以后,行政命令取代了市场价格信号并成为社会资源配置的主要手段。企业的选址更多依据政府对国防安全的考虑而非经济上的考虑。譬如"三线"建设中,很多重工业企业根据中央布局从沿海迁移至内地(Naughton,1988)。中央政府基于地域均衡发展的考虑,鼓励各个地区建立自给自足、全面完整的产业体系。Young(2000)认为,分割的国内市场及其导致的各省份间产业结构趋同是计划经济的重要遗产之一。20世纪70年代末,中国推动了以市场为导向的经济改革,并通过实行对外开放政策加入全球生产和贸易体系。在区域发展政策上,中国改变了计划经济时代的均衡发展战略,鼓励沿海地区优先发展,进而带动内地发展。这种非均衡的区域发展战略,发挥了中国在国际市场的比较优势,激发了沿海地区的经济活力,极大地提高了中国整体经济发展效率,同时也拉大了沿海和内陆地区之间的经济发展差距。1999年以后,中国通过实施"西部大开发""东北老工业基地振兴""中部崛起"等区域政策来缩小地区间经济发展差距。以市场为导向的经济改革的推进和区域发展战略的演变,势必带来企业在空间上的重新定位和中国经济地理格局的变迁。

本书写作的目的就是从产业空间分布演变的角度揭示改革开放以来中国经济发展的地理特征,解释其形成的经济学机制,并考察产业空间集聚对地区间经济增长的影响。

1.1 研究背景

以市场为导向的经济改革不但是中国过去三十多年经济增长的重要动力,也改变了中国的产业空间布局。有学者将中国的经济改革概述为"财政分权化""市场化""全球化"三个过程(Wei,2000)。财政分权化主要是指中央政府将财政控制权下放给地方政府,同时归还企业的管理和财政自主权。国家统计局的数据显示,隶属于中央项目的固定资产投资比例从1980的31%下降到2010年的19%,而同期地方性项目的比例则从69%上升到81%。分权的好处在于,地方政府比中央政府更具备资源配置上的信息优势,从而可以为本地提供更好的公共服务(Oates,1972)。同时,财政分权能够使地方政府硬化企业的预算约束,最终提高企业的效率(Qian and Roland,1996)。不少实证研究发现自20世纪80年代以来的财政分权对中国各地区经济增长起到了促进作用(Lin and Liu,2000;Chu and Zhang,2013)。

中国经济改革的另一个过程是市场化,即从以中央行政命令为主导的资源配置方式向以市场为导向的方式转变。市场化过程包括两个方面的改革:一是逐步放松价格管制,二是引入市场竞争机制。

在改革初期,中国推行价格双轨制,即在统一产品计划内部分实行国家定价、计划外部分实行市场调节价的制度。随着改革的推进,以市场为导向的价格机制逐渐取代计划价格,成为社会资源分配的主要手段。OECD(2009)的数据显示,1978年中国的工业品交易几乎都以国家定价的形式交易,而到了2003年,国家定价的工业品贸易所占比例只有13%;国家计划价格为指导的零售商品和农产品交易,则分别从1978年的97%和94%下降到2003年的4%和4%。

除了价格改革,中国推进市场化过程的另一项重要措施就是通过国有企业改革和鼓励非国有企业进入等方式引入市场竞争机制。一方面,从20世纪80年代开始,中国放开某些轻工业生产部门的进入管制,鼓励乡镇企业、私人企业和外国投资企业进入制造业和商品流通部门。另一方面,在90年代中期,中国推行了"抓大放小"的国有企业改革,就是培育实力雄厚、竞争力强的大型企业和企业集团，同时从实际出发，通过联合、兼并、租赁、承包经营、股份合作、出售等形式非国有化国有中小企业。根据国家统计局的数据，1980年工业经济中国有企业所占的工业产出和就业份额为76%和65%，而到了2010年，其所占的工业产出和就业份额分别为8%和7%。Dougherty et al.(2007)证实了90年代以来非国有经济比例上升的趋势。他们还发现，非国有部门比例的提高对于产权结构、生产率水平和利润水平等有着重要的正面影响。Li and Putterman(2008)综述了近年来对中国国有企业改革的研究，发现大多数文献支持国有企业改革提高了企业生产率水平的观点。

1978年以来，在对内推行以"财政分权"和"市场化"为主要内容的经济改革的同时，中国还通过对外开放政策积极融入全球经济。一方面，中国积极调整对外贸易政策，放松政府对涉外贸易部门的垄断，包括放松对外汇的控制、减少非关税贸易壁垒、贬值本国货币、吸引海外贸易公司和加强竞争等。国家统计局的数据表明，在过去三十多年里，中国的出口贸易从1980年的177亿美元增加到2010年的15777亿美元。2013年，中国已经超越美国成为全球最大的贸易国。另一方面，为了加入全球产业链和吸收国外先进的生产技术，中国通过兴办经济特区、加工贸易区或者各类型产业园区等形式吸引外资企业的进入。国家统计局的数据显示，截至2013年上半年，中国累计吸收的外国直接投资（FDI）达到1.3万亿美元，成为全球第二大FDI目的地国家。不少文献认为，对外开放对中国地区经济发展起到了积极推动作用。Wei(1993)考察了改革开放以来中国的城市经济增长，发现一个城市的对外开放程度越高，其经济增长越快。Gao(2004)考察了中国不同省份产业增长的决定因素,发现对外贸易程度(出口占 GDP 比重和 FDI 与工业产出比)对地区产业增长有正向影响。Ng and Tuan(2007)考察了广东的企业层面数据,得出了同样的结论。

伴随着市场经济的发展和国际开放度的提高,面对越来越激烈的国内外市场竞争,工业企业越来越倾向于通过空间集聚提高自身生产率水平。但是,中国的经济改革过程没有采取一步到位的"休克"疗法,而是分步骤和分阶段推进。很多改革,诸如价格改革、国际贸易和引进外资,都是首先在某些部门和某些地区进行试点,然后再逐步铺向全国。渐进性改革的策略主要是基于1980年前中国实行了近三十多年计划经济的基本国情的考虑。在渐进性改革推动过程中,中国政府一方面通过放权让利让农民、私营企业和外资企业进入轻工业,以发挥比较优势;另一方面,继续补贴和干预那些不符合比较优势且没有自生能力的企业,实现经济稳定和快速增长(林毅夫等,1999)。但是,这样的局部改革使得整个经济体中的市场化程度高低不一,容易产生一些不符合市场经济效率原则的扭曲现象,如地方保护主义。财政分权后,中央和地方的财权、事权划分得更加明确,地方政府的预算约束相对硬化。与此同时,财政分权使得地方政府有了更强的发展本地经济的动机,地方政府之间的竞争变得激烈。为了增加地方财政收入,很多地方政府通过行政手段制造地区间贸易壁垒,或者保护本地国有企业,妨碍市场机制调节资源的作用,阻碍统一的国内市场的形成(Young,2000)。渐进性改革中出现的制度性障碍影响了产业在空间的定位和地区间专业化分工的形成(蔡昉等,2002;Poncet,2003 和 2005;Bai et al.,2004;李善同等,2004)。

除了经济运行环境从计划经济转向以市场为主导的机制,探讨改革开放以后中国经济地理格局的演变,政府主导的区域性发展战略的作用也不容忽视(Yang,1990;Fan,2005)。改革开放后,中国改变计划经济时期的均衡发展战略,推行强调效率和比较优势的非均衡发展战略,即优先发展东部沿海,然后辐射到中西部。首先,中央政府在东部沿海地区设立了经济特区、沿海开放城市和沿海经济开放区等,并在这些地区实施有利于国际贸易和FDI进入的特殊政策。其次,中央政府加强对沿海地区在工业、港口、航空和城市建设方面的投资,并在财政、税收和信贷政策方面给予优惠。数据显示,改革开放后沿海地区中央政府投资的固定资产比例一直处于稳步上升的走势:1981年沿海地区占全国固定资产投资比例为51%,而到了2005年沿海地区所占比例达到了62%。凭借接近全球市场的地理优势、国家基本建设投资倾斜和优惠政策,东部沿海省市的工业发展迅速并成为全球制造业中心。与此同时,沿海和内地的经济差距呈现不断拉大的趋势,而这种差距很大程度上来自于工业部门(Fujita and Hu,2001;Catin et al.,2005)。为了减少沿海和内地发展的不平衡,中国从1999年起全面实施区域协调发展战略,包括实施"西部大开发""全面振兴东北地区等老工业基地""促进中部崛起""推进中国主体功能区规划"等区域战略。国家区域战略的调整影响着企业的空间选址和产业活动地理分布的变化。

1.2 研究框架、目标和特色

本书的研究目标有三个方面:(1)总结改革开放以来中国经济发展的空间特征。作者将回答在什么程度上中国产业变得更集中了,集中在哪些地区,对地区产业结构和经济发展产生怎样的影响等。(2)梳理国内外研究,尤其是最新的理论模型和实证文献。作者围绕不同主题综述已有文献,包括这些研究的观点、分析框架和方法等,为城市经济学和区域经济学领域的研究人员或者相关专业的学生提供学习参考。(3)检验中国的产业活动空间定位行为是否符合新经济地理学、城市经济学以及经济增长等经济学理论的假设,为现有经济学文献提供中国经验证据。本书中,作者剖析中国改革开放以来产业空间分布演变的成因,重点考察市场机制是否真正让产业活动享受到了空间集聚外部性的好处。另一方面,作者还将检验产业集聚如何影响不同地区的经济增长。

最近以来,不少经济学者展开了关于中国产业空间分布特征的研究(如 Young,2000;Fujita and Hu,2001;Bai et al.,2004;Wen,2004;范剑勇,2004;陆铭和陈钊,2006;黄玖立和李坤望,2006;贺灿飞等,2007 和 2008;Lu and Tao,2009)。他们考察了不同时间段的产业空间集聚情况,且讨论了诸如地方保护主义等制度性障碍对产业空间分布的影响。和这些研究相比,本书的特点体现在以下方面:(1)本书较为全面地刻画了改革开放以来中国产业空间分布的特征。除了讨论产业空间集聚外,作者还将讨论区域产业结构、产业空间流动和新生企业进入和企业退出等特征。(2)本书考察了更长时间跨度的产业空间分布变化趋势。更长时间跨度数据有助于作者从动态变化的角度来考察产业的空间定位指向及其对区域发展均衡的影响;同时,利用更长时间的数据,作者能够检验一些区域经济政策的长期效应。(3)除了探讨引起产业空间分布变化的影响因素外,本书还从不同视角研究了产业空间布局的经济效率。譬如说,本书探讨了产业空间流动和不同地区产业增长的关系、不同地区经济集聚对新企业进入和企业退出的影响等。

1.3 数据的来源和处理方法

本书的研究对象是制造业。在第二到四章中作者主要采用省级二位码的制造业行业数据来探讨1980—2010年间中国产业空间分布演变。作者使用的数据来源于中国国家统计局发布的公开出版数据：1980年和1985年的数据来自于《中华人民共和国1985年工业普查资料》；1990年的数据来自于《中国工业经济统计年鉴1991》；1995年的数据来自于《1995年第三次工业普查资料汇编（地区卷）》；2000年和2005年的数据由国家统计局的中国工业企业数据库相应年份企业数据加总而成；2010年的数据来自于各个省份2010年的统计年鉴。

本书收集的数据覆盖中国28个省级区域。在过去的三十多年里，中国多次调整了行政区划。省级层面的主要调整包括1985年建立海南省和1998年设立重庆直辖市。为了保持数据的连贯性，作者对数据做了以下处理：海南的数据计算在广东省，重庆的数据归并到四川省。本书中作者没有考虑西藏的数据，原因是该地区数据缺失较多。

就行业维度来说，作者考虑二位码制造业行业。1994年和2002年中国国家统计局先后修改了国民经济行业分类标准（分别对应于GB/T4754—1994和GB/T4754—2002）。为了保持数据的连贯性，作者采用Lu and Tao(2009)提供的思路对二位码的制造业企业进行合并调整，就是把2002年前的行业代码（GB/T4754—1994）转化为新的国民经济代码（GB/T4754—2002）。作者还参照Nicita and Olarreaga(2007)中国际产业分类标准对1980年、1985年和1990年的行业作了调整。因此,本书中行业的数量与统计年鉴和普查资料上提供的数量有区别。根据调整,第二到第四章的分析中包括29个制造业行业,包括农副食品加工业(1990年前没有该行业,13(行业代码,下同)),食品制造业(14),饮料制造业(15),烟草制品业(16),纺织业(17),纺织服装、鞋、帽制造业(1993年前为"缝纫业",18),皮革、毛皮、羽毛(绒)及其制品业(19),木材加工及木、竹、藤、棕、草制品业(20),家具制造业(21),造纸及纸制品业(22),印刷业和记录媒介的复制(23),文教体育用品制造业(1990年前由"文教体育用品制造业"和"工艺美术制品业"合并而成,24),化学原料业(1990年前为"化学工业",25),医药制造业(1985年前为"医药工业",26),石油加工、炼焦及核燃料加工业(1990年前数据由"石油加工"和"炼焦、煤气及煤制品业"合并而成,27),化学纤维制造业(28),橡胶制品业(29),塑料制品业(30),非金属矿物制造业(1985年前为"建筑材料及其非金属制品业",31),黑色金属冶炼及压延加工业(32),有色金属冶炼及压延加工业(33),金属制品业(34),通用设备制造业(1985年前为"机械工业",35),专用设备制造业(1990年前没有该行业,36),交通运输设备制造业(37),通信设备、计算机及其他电子设备制造业(39),电子及通信器材制造业(40),仪器仪表及其他计量器具制造业(41)。

第五章和第六章中新生企业进入和企业退出数据来自于1998—2009年国家统计局的中国工业企业数据库。该数据库涵盖了自1998年以来中国所有国有企业和年销售额500万元人民币以上的非国有企业。该数据库涉及的指标包括企业所在地区的区域代码、行业代码、总产值、增加值、就业人数、工资、销售值和财务指标等。该数据库包含的企业样本从1998年的14万增加到2008年的32万多,包括采掘业、制造业和电力、煤气和水等工业企业。在第五章和第六章中,作者只考虑制造业企业。考虑到行业代码和行政区划代码的变动,作者对企业的行业代码和行政区划代码做了调整以保持数据在时间维度上的一致性。就行政区划代码而言,作者依据国家民政局每年公布的行政区划调整公告,对企业所属的市级和省级行政代码做了调整:(1)作者利用企业的地址信息和企业填报的行政代码做核对,纠错企业可能填报错误的区划代码;(2)作者依据《县及县以上行政区划代码表》——国家标准GBT2260—1999统一调整了各年度企业的省级和市级行政区划代码。关于行业代码,如上所说,作者采用将中国1994年的国民经济行业代码(GB/T4754—1994)转换为符合2002年的新国民经济行业代码表(GB/T4754—2002)的新代码,并以此代码将数据库中2002年以前的各企业填报的行业代码进行了替换。

本书各章中使用的地区层面的数据来源包括《新中国60年统计资料汇编》、各年公开出版的省级统计年鉴和历年《中国城市统计年鉴》。

1.4 研究内容和结构

本书的研究内容主要包括两大部分:第一部分主要讨论改革开放以来中国产业改革分布的特征和形成机制;第二部分主要考察产业空间集聚对地区经济增长的影响。全书分七个章节。除了导论部分,本书第二章主要从地区专业化角度描述了改革开放三十年来中国经济发展的空间特征。随着经济改革和对外开放的进行,中国国内市场一体化程度逐步提高。与此同时,渐进性改革过程中逐渐滋生出了制度性障碍,譬如地方保护主义。它阻碍了地区间的贸易,不利于区域间产业分工。在第二章里,作者试图回答改革开放以来国内市场一体化进程如何影响跨地区专业化水平的演变。作者首先梳理了地区专业化产生的理论研究和实证文献,特别提及了国内外关于区域一体化和地区专业化关系的研究。然后,作者刻画了1980—2010年间中国跨地区专业化水平的差异和变化趋势。接下来,作者分析了引起不同地区间专业化水平差异的经济因素和地方保护等制度性因素。研究结果发现,一个地区的专业化水平取决于本地市场规模和周边地区市场潜力的共同作用。具体来说,前者会降低本地区专业化程度,而后者则会提高本地区专业化水平。作者还发现地方保护主义对地区专业化水平的提高具有负面影响。第二章的研究结果表明,市场一体化水平对于实现地区间产业分工和地区经济增长效率有着重要意义。

在第三章里,作者分析了中国经济发展的另一个空间特征,即产业空间集聚。根据经济学理论,马歇尔外部性既是产业空间集聚的原因,也是产业空间集聚的后果。已有文献主要检验了前者,而对后者的实证研究非常少。在第三章中,作者提出了识别马歇尔外部性的方法,以检验马歇尔外部性和产业空间集聚的双重关系。作者首先梳理了关于马歇尔外部性三个来源的国内外研究文献。接下来,作者描述了改革开放以来中国不同行业的空间集聚程度和走势。在实证分析部分,作者提出了识别马歇尔外部性的分析方法,并利用中国制造业行业层面的数据验证了马歇尔外部性和产业空间集聚共同演进的关系。研究结果显示,经济改革释放了马歇尔外部性,使其成为推动中国产业在空间上不断集聚的重要动力,证实了已有研究的结论。更重要的是,实证结果揭示了产业空间集聚和产业间分工具有替代关系,验证了马歇尔外部性是产业空间集聚的重要后果的假设。第三章的研究结果强调了经济改革对于企业间外部规模经济(马歇尔外部性)的实现具有重要意义,而马歇尔外部性存在与否直接关系到产业空间分布和经济增长的效率。

第四章分析了产业流动和地区间经济增长不均衡的关系。现有文献从集聚经济角度描述了改革开放以来的地区差距问题。和这些研究不同,在该章中,作者从产业空间流动角度来考察地区间经济增长的差异。作者首先综述了研究改革开放以后中国地区间不均衡发展的文献。然后,作者描述了1980—2010年间制造业细分行业在不同地区间的就业份额的走势。接下来,基于 Dumais et al.(2002)的框架,作者分解了20世纪80年代以来中国地区间不同产业的流动程度。产业空间流动由两部分构成,即空间集聚带来的产业流动和产业在不同地区增长带来的均值回复过程导致的产业流动。研究结果显示,在改革开放初期,中国产业空间流动主要由新旧产业基地更替的均值回复过程引起,而90年代以后的产业空间流动则主要是由产业空间集聚的变化带来,但是2005年以后,新旧产业基地轮换对产业空间流动的重要性呈现上升走势。最后,作者分析了上述两类产业空间流动过程对不同时期、不同地区工业产出增长的影响。根据第四章的研究结果,作者发现改革开放以来,沿海地区是产业空间流动的重要受益者。该章的研究还表明,从2010年起中部地区逐渐从产业空间流动中获益。

在第五章中,作者考察地区经济集聚是否影响新生企业的空间分布。新生企业是地区经济增长的重要组成部分。在一国经济体里,新生企业的空间分布往往受到不同地区经济环境的影响,譬如,已有产业结构和其产生的集聚经济。作者利用1999—2008年中国非国有制造业企业数据,刻画了近年来新生企业在不同地区的空间分布。作者发现,新生企业主要集中在沿海部分地区。接下来,作者检验了地区经济集聚差异是否是引起新生企业空间分布不均衡的原因。作者发现,在中间供应商和最终消费者关联程度高、劳动力市场共享程度高、知识溢出程度高的地区,新生企业比较多,这证实了地区经济集聚效应对本地新生企业出现具有促进作用。作者还验证了地方所有制结构和新生企业活动空间分布的关系。结果发现,地方经济集聚效应对新生企业产生的作用取决于不同地方各行业的国有经济比重,从而说明所有制结构是影响新生企业能否从集聚经济中获益的重要制度因素。

第六章作者探讨了产业空间集聚和企业退出的关系。企业退出、进入和跃迁一直是经济学研究的重要命题。现有研究主要探讨了企业自身特征和行业特征对企业退出的影响,而很少关注地区层面经济社会特征对企业退出的影响。在该章中,作者利用1998—2008年间中国工业企业数据,探讨了产业空间集聚如何影响不同地区的企业退出。作者区分了不同类型的集聚经济对企业退出的影响。该章的研究证实了集聚经济有助于减少企业退出。

在第七章里,除了总结本书的研究和主要发现,作者还从产业空间分布动态演变的角度探讨了中国区域发展的未来走势,并提出了相应的政策建议。

第二章

市场一体化和地区专业化

2.1 引言

自亚当·斯密以来,地区专业化所揭示的劳动分工、贸易成本和地区经济增长的关系一直是经济学家们所关注的问题。增长理论探讨了专业化和地区经济增长的关系。其认为,全球消费者对当地具有专业化优势产品的需求是本地区收入和就业增加的重要来源(North,1955)。贸易理论和新经济地理理论则揭示了地区专业化的机制,如比较优势、规模经济等,并解释了专业化分工对地区经济增长的重要性(Heckscher,1917;Krugman,1991a 和 1991b)。

很显然,地区专业化是过去三十多年的中国经济增长的重要空间特征之一。本章讨论中国跨地区间专业化水平的演变及其影响因素。就一个国家而言,地区专业化水平和本国市场一体化程度有很大关联。已有文献表明,美国国内市场的一体化程度相对较高,因此其地区专业化程度大大高于欧盟国家(Krugman,1991b;Stroper et al.,2002)。还有一些研究发现,跨国贸易组织的成立,如北美自由贸易区(North American Free Trade Area,NAFTA)和欧盟(European Union,EU)等,提高了区域一体化的水平,且促进了各成员国的地区专业化程度(Hanson,1998b;Brülhart,2001)。相对于发达经济体,中国还没有建立起比较统一的国内市场(World Bank,1994和2005)。改革开放后,中国逐步推进以价格为导向的市场经济体制,并通过对外开放融入全球生产和贸易体系。但是在渐进性改革中,中国还存在一些不符合市场经济原则的制度性扭曲。譬如,在财政分权机制下,地区之间竞争日趋激烈。在一段时期内,各个地方政府通过设置贸易壁垒和限制要素流动来保护本地产业。地方保护主义的存在影响了国内市场一体化的进程(Young,2000;Poncet,2003和2005;李善同等,2004)。近年来,随着招商引资和对外贸易的推进,尤其是加入WTO,中国的国际贸易程度显著提高,国内市场一体化程度有了显著改善,这些都对产业的空间布局和区域之间的专业化分工产生了重要影响。基于此,本章所要回答的问题包括:(1)在过去三十多年里,中国地区间专业化水平具有怎样的特征事实?(2)国内市场一体化的进程是否影响地区间专业化水平的演变?(3)地方保护主义对地方专业化水平的实际影响究竟如何?

已有不少研究探讨了中国地区专业化问题,且对地区专业化的变迁进行了解释,如范剑勇(2004)、黄玖立和李坤望(2006)。与这些研究相比,本章的贡献体现在以下方面:(1)本章详细梳理了地区专业化的理论和实证文献;(2)本章基于贸易和增长角度解释地区间专业化的动态变化,验证地方保护主义如何影响跨地区专业化水平的变动。

本章的篇幅结构安排如下:第二部分梳理关于地区专业化的国际和国内研究,尤其是关于地区专业化的最新经济学文献;第三部分利用中国各地区的二位码制造业数据,计算和描述地区间专业化的差异和发展趋势;第四部分分析经济改革、市场一体化和地区专业化的进程,刻画地区专业化动态变化机制;最后是结论。

2.2 地区专业化的解释:文献回顾

地区专业化是经济发展的重要空间特征。地区专业化一方面和产业空间分布紧密相连,另一方面也是区域分工的重要体现。自19世纪以来,经济学家们就开始探讨这一现象。一般来说,关于地区专业化的文献大体分为两类:一类是贸易理论,主要探讨引起地区专业化的机制。古典贸易理论强调比较优势是引起地区专业化的基本原因,而新贸易理论则从规模报酬递增角度来解释区域分工。另一类是区位理论,探讨决定产业地理集聚和专业化的影响因素。传统区位理论强调地区自然优势是影响企业区位选择的重要因素,而新经济地理则考察规模经济如何决定企业的区位选择。本节综述这两类有关地区专业化的理论,重点论述最近出现的理论模型和研究发现。

理论的发展和数据的丰富带动了大量关于地区专业化的实证研究。除了回顾发达经济市场一体化和地区专业化的关系外,本节将回顾有关发展中国家地区间专业化水平的文献。

2.2.1 贸易理论的解释

在解释地区专业化过程中,不同贸易理论阐述了不一样的机制。基于规模报酬不变和完全竞争的假设,新古典贸易理论认为比较优势是引起地区专业化的重要机制。李嘉图(Ricardo)认为,生产技术水平是造成各国相对成本差异或比较优势的唯一原因,而在赫克歇尔—俄林(Heckscher-Ohlin)模型中,假定各国的技术水平相同,各国比较优势是由要素禀赋差异造成的。两个模型都假设在没有要素流动的情景下,各国按照给定的比较优势(技术水平差异或者资源禀赋差异)进行专业化生产。最近,Costinot(2009)运用对数超模性(log-supermodularity)①的数理工具构建了比较优势基础理论模型。该模型通过建立一个统一框架来阐述比较优势如何带来地区专业化分工。该模型的贡献在于以下两点:(1)其同时考虑了比较优势的两个基本来源——要素禀赋和技术水平;(2)其建立了多国家、多部门和多要素的框架,从而突破了上述两个经典贸易理论在有限地区、物品和要素中进行讨论的限制。根据该模型,假设国家之间不存在要素流动,但部门之间存在要素流动。$q(\omega,\sigma,\gamma)$和$f(\omega,\gamma)$分别表示技术(要素生产率)和要素供给,其中$\omega、\sigma$和γ分别表示与要素、部门和国家相关的特征。在此假设下,该模型展示了三种不同条件下地区专业化模式:在第一种场景下,假设国家之间仅存在生产技术差异,即$q(\omega,\sigma,\gamma) \equiv h(\omega)\alpha(\sigma,\gamma)$。如果$\alpha(\sigma,\gamma)$具有对数超模性,则总产出$Q(\sigma,\gamma)$也具有对数超模性。经济学上的意思是,如果高$\gamma$(譬如教育水平)的国家在高$\sigma$(譬如技能要求)的部门具有生产优势,则该国就会专业化生产该部门产品。很显然,这种场景符合李嘉图模型描述的比较优势下的地区专业化模式。第二种场景假设只存在要素禀赋

---

① 超模性的定义和互补性相关。如果强化一种活动会提高强化另一种活动的收益,那么这两种活动就具有互补性。在数理上,目标函数可导的前提下,互补性表达为目标函数关于两个自变量的混合偏导为正,即某个变量的边际收益是另一个变量的增函数。如果目标函数具有超模性,则表示增加一个变量可以提高另一个变量的增长带来的收益。超模性能够解决协同性和系统效应问题,即"整体大于其部分之和";超模性还能够解决"报酬递增"问题。

的差异,即 $q(\omega,\sigma,\gamma) \equiv \alpha(\gamma)h(\omega,\sigma)$,其中 $\alpha(\gamma)$ 表示希克斯中性转换。在该场景下,如果 $f(\omega,\gamma)$ 和 $h(\omega,\sigma)$ 具有对数超模性,则总产出 $Q(\sigma,\gamma)$ 也具有对数超模性。基本经济学含义表达为:一方面,高 γ(教育水平)的国家拥有较多高 σ(技能要求)的部门;另一方面,高 γ(教育水平)的劳动力因为具有高的劳动生产率,所以更容易在高 σ(技能要求)的部门就业。该场景解释了赫克歇尔—俄林(Heckscher-Ohlin)模型所预测的要素禀赋决定了各国生产专业化模式。该模型的第三个场景同时考虑了要素禀赋和技术水平差异的情况。在该场景下,作者发现即使 $q(\omega,\sigma,\gamma)$ 和 $f(\omega,\gamma)$ 都具有对数超模性,也不能保证总产出 $Q(\sigma,\gamma)$ 具有超模性。在要素和部门特征具有互补性的情况下,李嘉图模型中的技术差异对部门间要素分配的间接影响远远高出其对要素生产率的直接影响。这个结论充分说明,该文章设立的一般化模型来阐述比较优势导致的地区专业化,要比简单综合李嘉图和赫克歇尔—俄林两个独立模型的观点的方法准确很多。

比较优势机制并不能刻画现实世界中所有的地区专业化现象。贸易理论中的另一支文献认为,规模报酬递增是地区专业化的重要机制。Krugman(1979)运用 Dixit-Stiglitz 提出的收益递增和不完全竞争市场结构的经典模型,解释了在资源禀赋或者技术无差异的情况下,企业内部的规模经济导致贸易和地区专业化。该模型的重要假设是厂商之间没有策略性互相依赖(Strategic interdependence),具体阐述为:厂商可以无成本区分不同产品,每个制造品只由一个厂商生产;同时,经济体中具有较多种类产品,任一产品的价格对需求的影响力很小,厂商之间的行动不会互相影响。该模型基本结构如下：消费者效用表示为 $U = \sum_i^n v(c(i))$，其中 n 表示经济中实际提供的制造品量，$c(i)$ 是第 i 个制造产品的消费量，$v' > 0, v'' < 0$。给定收入 w 和产品价格 $p(i)$，消费者的预算约束为 $w = \sum_i^n c(i)p(i)$。在该约束条件下，消费者追求效用的最大化。一阶条件可得 $p(i) = \lambda^{-1} v'(c(i))$，其中 λ 表示收入的边际效用。根据前面的假设，收入的边际效用与产品价格和消费者收入无关。由一阶条件，求得产品 i 的需求弹性：$\varepsilon(i) = -\frac{p(i)}{c(i)}\frac{dc(i)}{dp(i)} = -\frac{v'}{v''c(i)}$，其中 $\partial\varepsilon(i)/\partial c(i) < 0$。消费者的需求弹性随着对单个产品消费量的上升而下降。

根据该模型，企业生产中只使用劳动一种生产要素，且所有产品的成本函数一样。在此条件下，生产所需劳动和产出存在线性关系：$l(i) = \alpha + \beta x(i), \alpha > 0, \beta > 0$，其中 l_i 为劳动需求量（$i = 1,\cdots,n$），x_i 为产品的产出；α 为生产的固定成本，其为正表示规模经济的存在；β 表示生产的边际成本。该函数形式意味着生产的平均成本随着产出增加而下降（以递减的速率下降）。生产中产品的产出数量和消费数量相等。假设每个人既是劳动者也是消费者，则产品的产出等于每个消费者的消费数量和经济体中劳动力数量的乘积，即 $x(i) = Lc(i)$。厂商的利润表达为①：$\pi = px - (\alpha + \beta x)w$。在垄断竞争模型下，每个厂商实现利润最大化的价格为 $p = \frac{\varepsilon}{\varepsilon - 1}\beta w$。允许自由进入的假设下，厂商的长期利润为

---

① 根据对称原则，设定产品（i）价格和生产数量一致，即 $p = p(i), x = x(i)$。

零,即 $\pi = 0$($MR = MC$),由此得到:$p/w = \beta + \alpha/x = \beta + \alpha/Lc$。

根据上述条件,模型确定了均衡价格(p/w)和均衡产出($x = \frac{(\varepsilon - 1)\alpha}{\beta}$)。根据劳动力市场出清条件,计算出均衡时经济体中可提供的产品数量:$n = L/l = \frac{L}{\alpha + \beta x} = \frac{L}{\alpha + \beta Lc}$。在此基础上,Krugman (1979)进一步分析了开放经济下贸易对均衡结果的影响。假设经济体中有两个地区,本地(H)和外地(F),两个地区除了人口规模以外的其他所有特征都相同。根据该假设,和他国进行贸易等同于本地市场规模的扩大。市场规模的扩大带来产品平均生产成本下降,反映规模经济效应。与此同时,在各国 L 给定的情况下,根据 $L = n(\alpha + \beta x)$,各地生产的产品种类下降。这意味着,在开放经济中,每个经济体可以通过贸易实现生产中的规模经济,本地只生产具有比较优势的产品。

Krugman(1980)拓展了他 1979 年的贸易模型。在新的模型中,Krugman 引入了地区间的货物运输成本。该成本采用 Samuelson 的冰山形式(Iceberg form of transport costs),即每一单位的制造品实际运达到目的地只有 $\frac{1}{\tau}$($\tau > 1$),其余部分都在运输中损耗了。通过引入地区间运输成本,新贸易模型推出著名的"本地市场效应"(Home market effect)。根据该模型,本地市场效应的经济学解释如下:在规模报酬递增和运输成本存在的条件下,企业愿意在本地市场比较大的地方进行生产。本地市场效应的产生基于以下原因:一是本地市场大容易实现规模经济,二是接近大市场可以最小化运输成本。本地市场效应解释了为什么一国可以出口本国需求比较大的产品。Krugman(1991b)和(2009)梳理了他在1979年和1980年发表的基于规模报酬递增的贸易模型的核心观点，即企业生产过程中的外部规模经济或者某些大企业的内部规模经济变得很重要时，地区专业化就会产生。

2.2.2　区位理论的解释

和贸易理论不同，区位理论在解释地区专业化现象时注重"地理"这一要素对企业和家庭做最优决策的作用。早期的区位理论强调自然条件对经济活动地理选址的作用（Weber,1909;Hoover,1948）。但是，早期区位理论没有像贸易理论一样使用一般均衡框架来讨论经济活动的空间产业分布。在相当长的时间里，贸易理论和区位理论彼此是没有交集的：贸易理论尽量避开地理问题，即构建一个没有贸易成本的世界；而地理学分析问题的传统缺少市场结构（Krugman,1998）。20世纪90年代以后，新经济地理学开始兴起。新经济地理学设计出一个模型构建方法，在一般均衡框架中来讨论经济活动集中的向心力和离心力，使得人们能够描述这些力量的彼此消长如何塑造一个经济体的地理结构（Krugman,1991a和1991b;Fujita et al.,1999）。新经济地理学兴起的标志是Krugman在《政治经济学期刊》（*Journal of Political Economy*）上发表了《规模报酬递增和经济地理》（*Increasing Returns and Economic Geography*）（见Krugman,1991a）。该文章阐述了产业集聚形成的微观机制。Krugman假设经济系统有两个地区和两个部门：两地区初始禀赋相同，都有一个垄断竞争的制造业部门和一个完全竞争的农业部门。消费者消费农业产品和制造业品，后者采用类似于Krugman(1980)的Dixit-Stiglitz的效用函数形式，即不同制造业品之间具有固定的替代弹性。制造业品在地区之间贸易具有冰山形式的运输成本。农业品在两地之间交易不需要运输成本。该经济系统中,劳动力分为两种类型,即制造业工人和农业工人。前者可以在地区之间流动,而后者不能流动。在静态模型中,一般均衡下的工业集聚产生于企业内部的规模报酬递增、运输成本和要素(劳动力)流动的相互作用。规模报酬递增促使生产者更愿意在某一地区集中生产;制造品运输成本的存在使得企业更愿意在市场较大的地方选择(本地市场效应);消费者也愿意聚集在市场较大的地方以获得更高的实际工资和消费更多样化的产品种类(价格指数效应,Price index effect);而劳动力的自由流动意味着生产者迁往一地后使得相关市场规模增大,使得该地对消费者更加具有吸引力,即形成"循环因果"(Circular causality)效应。除了集聚力量外,还存在分散力量。分散力量具有两个来源:一是很多企业在某个地区聚集会增强市场竞争程度,降低每个企业在本地市场的需求和利润,迫使部分企业流向企业较少的地区(市场拥挤效应,Market crowding effect)。二是由于从事农业品生产的工人无法跨地区流转,为了满足他们的需求,部分制造业企业会分散在各地,而不是完全集中在某一地区。根据该模型,运输成本的大小决定集聚力量和分散力量的相对强弱,从而最终决定制造业在空间上的分布。当运输成本趋近于0或者趋于无穷大时,分散力量强于集聚力量,制造业在两地平均分布;当运输成本从无限大下降到某个点时,所有制造业企业集中于某一个地区而农业部门完全在另一个地区时,即形成"中心—外围"的稳定均衡。Krugman(1991a)的模型诠释了经济体内部不同产业空间集聚的多种均衡。利用类似的模型结构,Krugman and Venables (1995)通过引入不同产业部门在生产上的投入产出关系,分析了在没有要素流动状况下的跨国之间产业专业化模式。

近年来,一些新经济地理学文献研究了发展中国家的国际贸易和经济增长事实,并用空间均衡理论模型来解释这些国家的地区专业化。Hu(2002)以中国区域发展为背景,通过建立一个空间均衡模型解释了改革开放以后中国制造业集聚在沿海地区的现象。根据该模型,在中国加入全球化进程中,沿海地区利用靠近国际市场的先发优势成为众多制造业企业的聚集地。当越来越多的农村工人转移到城市后,沿海地区的集聚经济规模不断壮大,形成循环累积效应;而内陆地区远离国际市场,没有对工业企业的吸引力,逐渐成为经济体中的"外围"。根据该模型,加强内地的市场可进入性对消除地区发展不平衡具有重要意义。

Coşar and Fajgelbaum(2013)在比较优势贸易模型中引入了地理,借此解释国际贸易对以中国为典型的发展中国家的地区专业化的影响。他们构建了一个两部门经济体。在这个经济体中,所有的地区组织在一个平面空间上,各地区与国际门户(港口、机场或者国界)的距离不一样。根据该模型,该经济体在国际市场中具有生产某类型产品的比较优势,并向世界其他国家出口该商品。经济体内地区间贸易需要支付成本,且所有地区的出口都需要经过国际门户进入国际市场。企业使用土地和劳动力两种要素进行生产,劳动力在地区之间可以自由流动。均衡状态的制造业企业地理分布取决于集聚力量和分散力量的相对大小。集聚力量来源于接近于国际门户的地理优势,而分散力量主要来自于生产中土地要素的规模报酬递减效应。在一般均衡状态下,只要具有比较优势的出口产品没有实现充分的专业化生产,该经济体内就会出现两种类型不同的地区:接近于国际门户的地区完全专业化生产本国具有比较优势的出口产品,而内陆地区则几乎不会和其他地区或者国际市场产生贸易,生产结构的专业化程度较低。随着该经济体开放程度的提高,内陆地区的劳动力会不断流向接近于国际市场的地区,而后者更加倾向于专业化生产出口导向型的产品。该模型还解释了为什么贸易会使得接近国际市场的地区获益而内陆地区的福利降低。

2.2.3 区域一体化和地区专业化:国际证据

地区专业化理论的发展和大量可利用数据的出现,带动了大量关于地区专业化的实证研究。在这些研究中,区域一体化和地区专业化水平的关系尤为得到国内外经济学家们的重视。从理论上来说,地区专业化水平既可能随着区域一体化水平的提高而上升,也可能随着一体化程度的提高而下降。早期的新经济地理理论认为,地区间贸易成本的下降会带来经济活动空间的集聚,但是后来的新经济地理学理论,如 Puga(1999)发现,当部门之间的劳动力流动存在一定成本时,产业空间集聚会随着地区间贸易成本下降呈现先上升后下降的倒 U 型变化。Coşar and Fajgelbaum(2013)的理论也表明,贸易成本下降对不同地区的产业结构产生不同的影响。需要说明的是,从概念上来说,地理空间集聚和地区专业化并不完全等同。譬如说,若贸易成本下降,很多产业都集聚到同一个地区,则该地区的产业结构呈现多样化状态。

从 19 世纪到 20 世纪,随着交通基础设施的改善,美国逐渐由相对独立的地区经济走向一体化的经济体。Kim(1995)研究了这期间区域一体化水平提高对美国地区专业化程度的影响。通过计算两位码和三位码制造业在不同地区的 Krugman 专业化指数,Kim 发现在 19 世纪中叶到

20世纪美国的地区专业化水平处于上升阶段,而到了20世纪后半期美国的专业化水平则出现下降趋势且持续到1987年。Kim(1998)考察了美国所有部门(农业、制造业和服务业)的地区专业化演变情况。他发现,在过去200年间美国农作物的地区专业化水平不断上升,而在这期间工业化进程带来的产业结构转型,即由农业部门向制造业和服务业部门转型,使得各个地区的产业结构趋于收敛。因此,就整个经济体而言,区域经济一体化使得美国的地区专业化水平也呈现倒U型变化,只是从时间趋势来说倒U型拐点比制造业部门来得早。

很多经济学家喜欢将欧盟和美国的经济地理进行对比,以验证区域一体化程度对地区专业化的影响。Krugman(1991b)构建了Krugman专业化指数,并利用该指数计算了美国1947年和欧洲1985年的制造业部门的地区专业化水平。其发现,美国1947年的地区专业化水平高于欧洲1985年的水平,从而说明美国的区域一体化水平比欧洲要高。Storper et al.(2002)提供了欧洲的地区专业化水平比美国低的证据。近年来不断加快的欧洲一体化进程重新塑造了欧洲的产业空间布局,这引起了很多经济学家的兴趣。代表性的文献包括 Amiti(1999),Haaland et al.(1999)和 Midelfart-Knarvik et al.(2002)。Amiti(1999)检验了欧盟形成后各成员国地区专业化和产业空间集聚情况。Midelfart-Knarvik et al.(2002)基于1970—1997年间欧洲14个国家36个工业部门的数据计算了Krugman专业化指数。其发现这14个国家的专业化水平存在显著差异:英国和法国的专业化程度最低,而希腊和爱尔兰的专业化程度最高。从时间趋势上来说,大多数国家的专业化水平总体上表现出先下降后上升趋势。这说明,贸易壁垒的逐步消除使得各个国家更愿意生产具有比较优势的产品。在最初的结构调整中,这些国家的专业化水平会下降,但随着地区间一体化程度的提高,地区专业化水平趋于上升。

关于地区专业化的研究中,还有一类文献重点探讨了区域一体化的历史性事件对一国内部不同地区专业化水平的影响。Krugman and Elizondo(1996)建立了理论模型来解释墨西哥的进口替代贸易政策对其国内产业空间分布的影响。根据该模型,当墨西哥更多进入全球化体系后,贸易会削弱首都城市的集聚效应,产业逐步由首都城市向边境城市转移。Hanson(1998a)分析了贸易政策实施前后影响墨西哥产业空间集聚的因素。其结果证实了 Krugman and Elizondo(1996)的判断,即贸易重新塑造了墨西哥的经济地理,促进了以边境城市为代表的新兴制造业中心的出现。在另一篇文章中,Hanson(1998b)探讨了北美自由贸易区(NAFTA)对美国、加拿大和墨西哥的产业空间分布的影响。其发现 NAFTA 对墨西哥的不同地区产业结构影响较大,尤其是促进了和美国接壤的墨西哥边境城市的制造业发展,而对美国和加拿大的城市影响比较弱。2000 年以后,经济学家们开始关注欧盟扩大(EU Enlargement)和欧元引入对欧洲不同地区经济地理的影响。Crozet et al.(2004)扩展了新经济地理模型,分析欧盟扩大对新进入国家内部产业空间分布的影响。在一般均衡状态下,该模型预测在国际市场竞争不是很激烈的条件下,新进入国家的边境地区比内陆地区吸引到更多产业。利用罗马尼亚的数据,他们证实了上述模型的推断。Brühart et al.(2004)发现欧盟扩大使得新进入地区比那些边缘地区拥有更大市场潜力,从而吸引到更多的就业和产业。2008 年,两位经济学家 Redding 和 Sturm 以第二次世界大战后德国分裂和 1990 年联邦德国与民主德国的统一作为自然事件,研讨了市场潜力变化对经济活动空间分布的影响（Redding and Sturm，2008）。基于新经济地理模型的框架，他们发现接近于联邦德国与民主德国边境的联邦德国城市的人口在德国分裂后迅速减少。他们认为，造成这一结果的原因是德国分裂使得这些城市无法和周边城市以较低成本进行贸易，即分裂使这些边境市场潜力变小了，无法吸引到更多的产业和人口。

2.3　中国不同地区专业化的特征事实：1980—2010

最近学者们开始关注改革开放以来中国产业分布的空间特征，包括不同地区专业化水平的测度和分析。范剑勇（2004）利用二位码的制造业数据计算了1980年和2001年两个年度中国各个省份的Krugman专业化水平。胡向婷和张璐（2005）计算了1996—2002年间我国各地区专业化水平，并分析了地方保护对不同地区专业化水平差异的影响。黄玖立和李坤望（2006）使用Krugman指数计算了1980—1997年间中国地区专业化水平的走势。樊福卓（2007）通过对现有地区专业化指数的改进，在考虑地区间相对贸易规模的基础上提出了新的度量地区专业化的指标，并使用该指标测量了1985—2004年间中国不同地区的专业化水平。Bai et al. (2008)利用中国1985—1997年间32个制造业部门的数据测算了衡量各个地区专业化水平的Hoover系数。张建华和程文（2012）年采用基尼系数计算了1988—2008年间中国各地区的专业化水平。已有研究考察了中国不同阶段地区专业化水平。基于他们的研究，本章探计 1980—2010 年间中国不同省份的专业化水平和发展趋势。

2.3.1 指标选取

测算地区专业化的指标有很多,包括基尼系数(Gini Coefficient)、赫芬达尔系数(Herfindahl Index)、变异系数(Variation coefficient)和 Krugman 专业化指数等。这些指标分别基于不同的理论假设,因此对这些指标的选择取决于不同的研究问题。考虑到地区之间的可比性,本章里作者选取 Krugman 专业化指数来计算中国各省份的地区专业化水平。该指标公式如下:

$$SPEC_{i,t} = \sum_{k=1}^{I} \left| \frac{EMP_{i,t}^k}{EMP_{i,t}^M} - \frac{1}{J-1} \sum_{j \neq i} \frac{EMP_{j,t}^k}{EMP_{j,t}^M} \right| \qquad (2.1)$$

其中,$EMP_{i,t}^k$ 表示 t 年 i 地区 k 产业的就业人数,$EMP_{i,t}^M$ 表示 t 年 i 地区所有制造业的就业人数。每个地区的制造业部门总数量表示为 I,J 表示地区数量。与 Krugman(1991b)中不同,该专业化指标定义为该地区各个行业所占比重与经济体内其他所有地区相应行业所占比重之差的绝对值之和。① 如果该地方的产业结构与其他所有地方的产业结构相同,该系数为 0;若两者完全不同,则系数为 2。Kalemli-Ozcan et al. (2003) 采用该指标时也做了类似变化,不过他们采用了地区各个行业所占比重与经济体内其他所有地区相应行业所占比重之差的平方和的加总来计算专业化系数。

---

① Krugman(1991b)中的专业化指数定义为某地区各个行业所占比重与经济体内所有地区该行业所占比重平均值之差的绝对值的和。

该专业化指数的隐含假设是每个地区都是经济体平均意义上的规模缩减(详见 Combes and Overman(2004)对地区专业化和产业地方化指标的综述),如果地区的几个产业增长过快则会放大起初的差异从而使得该指数失真。该指数的好处在于其适用于地区间专业化水平的比较。

2.3.2 地区专业化的特征事实

利用中国制造业二位码行业数据(详见导论中关于数据来源和处理方法的描述),作者计算了不同地区的 Krugman 专业化系数。根据 Démurger et al. (2002),作者将中国分为六大区域:①大都市地区、东北地区、沿海地区、中部地区、西北地区和西南地区。表 2-1 报告了整理的计算结果。从时间上看,1980 年各省份专业化的简单平均值为 0.280,在 1985 年略有下降至 0.209,在随后的年份中一直上升,2010 年达到 0.591。表 2-1 中的数据显示,17 个省市的地区专业化水平追随这一变化走势。这与现有文献在不同时间阶段的发现基本一致(范剑勇,2004;黄玖立和李坤望,2006;樊福卓,2007;张建华和程文,2012)。

表 2-1 中国各地区专业化水平演变:1980—2010

	1980	1985	1990	1995	2000	2005	2010	均值
都市地区								0.464
北京	**0.335**	0.515	0.352	0.467	0.408	0.587	0.590	0.465
天津	**0.261**	0.360	0.318	0.375	0.487	0.492	0.563	0.408
上海	**0.356**	0.526	0.474	0.469	0.496	0.653	0.651	0.518

---

① 大都市地区包括北京、天津和上海。东北地区包括辽宁、吉林和黑龙江。沿海地区包括河北、江苏、浙江、福建、山东和广东(包括海南)。中部地区包括山西、安徽、江西、河南、湖北和湖南。西北地区包括内蒙古、陕西、甘肃、青海、宁夏和新疆。西南地区涵盖四川(包括重庆)、贵州、云南和广西。因为数据缺失和统计口径不一致,我们没有考虑西藏和港澳台。

续表

	1980	1985	1990	1995	2000	2005	2010	均值
东北地区								0.389
辽宁	0.238	**0.233**	0.316	0.345	0.315	0.356	0.450	0.322
吉林	0.206	**0.138**	0.338	0.399	0.522	0.749	0.694	0.435
黑龙江	0.258	**0.255**	0.358	0.375	0.452	0.553	0.609	0.409
沿海地区								0.437
河北	0.234	**0.145**	0.206	0.254	0.333	0.386	0.413	0.282
江苏	0.286	**0.128**	0.321	0.369	0.443	0.629	0.622	0.400
浙江	0.235	**0.147**	0.362	0.443	0.589	0.747	0.716	0.463
福建	0.458	**0.315**	0.427	0.569	0.758	0.774	0.632	0.562
山东	0.195	**0.114**	0.227	0.257	0.379	0.383	0.394	0.278
广东(包括海南)	0.350	**0.167**	0.452	0.683	0.896	0.987	0.914	0.636
中部地区								0.301
山西	0.241	**0.212**	0.391	0.384	0.539	0.723	0.705	0.456
安徽	0.250	**0.182**	0.312	0.262	0.280	0.266	0.304	0.265
江西	0.186	0.152	0.232	0.234	0.260	0.287	0.436	0.255
河南	0.204	**0.120**	0.247	0.285	0.345	0.404	0.380	0.284
湖北	0.238	**0.108**	0.221	0.251	0.319	0.356	0.386	0.268
湖南	**0.149**	0.259	0.237	0.273	0.304	0.349	0.362	0.276
西北地区								0.465
内蒙古	0.344	**0.169**	0.333	0.376	0.589	0.571	0.622	0.429
陕西	0.345	**0.138**	0.342	0.375	0.441	0.465	0.408	0.359
甘肃	0.289	**0.136**	0.200	0.405	0.642	0.625	0.644	0.420
青海	0.377	**0.214**	0.328	0.475	0.525	0.716	1.203	0.548
宁夏	0.454	**0.233**	0.346	0.453	0.599	0.650	0.680	0.488
新疆	0.365	**0.243**	0.449	0.506	0.657	0.685	0.935	0.549
西南地区								0.375
四川(包括重庆)	0.144	**0.118**	0.142	0.235	0.350	0.339	0.316	0.235
广西	0.280	**0.209**	0.353	0.356	0.390	0.508	0.433	0.361
贵州	0.322	**0.146**	0.382	0.458	0.532	0.602	0.782	0.460
云南	0.249	**0.184**	0.323	0.434	0.571	0.653	0.702	0.445
全国平均	0.280	0.209	0.321	0.385	0.479	0.553	0.591	

注:表中数据由作者计算整理。加黑的数据表示各地区跨年度最小值。

表 2-1 的数据表明各地区的专业化水平存在较大差异。作者计算了各个省市的跨年平均专业化水平。结果显示，就大区域而言，大都市地区和西北地区的专业化指数比较高，而中部地区的专业化指数相对较低；就省份而言，广东（包括海南）、福建、上海、青海和新疆的平均地区专业化指数较高，而湖南、湖北、江西和四川（包括重庆）的专业化指数偏低。这里的数据验证了 Coşar and Fajgelbaum(2013) 中的理论，即沿海地区如广东和福建主要是从事出口导向型产业的专业化生产，而西北省份由于地处内陆，制造业产业不是很发达。数据显示，中部地区专业化水平相对低，如四川（包括重庆）、江西、安徽、湖北等都是中国人口较多的省份，这说明地区专业化程度与本地的人口规模有较大关系。

2.4 中国跨地区专业化演变的经济学解释

2.4.1 地区专业化的决定因素

根据贸易和增长理论，市场一体化程度是影响不同地区专业化水平的重要因素。Imbs and Wacizarg(2003) 提出了地区专业化水平和经济发展水平之间的 U 型关系假说，即随着人均 GDP 的提高，地区产业结构呈现先多样化后专业化的轨迹。根据他们的分析，地区专业化水平是两类因素共同作用的结果：一是本地市场规模，本地市场规模越大，区域产业结构呈现多样化；二是地区对外贸易的程度，对外贸易提高地区专业化水平。在经济发展初期阶段，前一种因素占主导，地方产业结构比较多样化；随着经济水平的提高，地区间贸易增多，后一种因素作用增强，地方产业结构呈现专业化。他们对地区专业化的解释符合很多贸易文献的观点。如 Linder(1961)强调,当本地市场规模和需求增加时,本地产品的消费范围就会扩大;在这种情况下,为了适应产品需求结构的变动,本地的产品生产范围也会相应扩大。Justman(1994)的研究也证实美国城市的产业结构和当地市场需求具有很强的正向协同演进关系。除了受本地区因素影响以外,新贸易理论和新经济地理理论均认为地区间贸易成本下降会带来地区专业化水平的提升(如 Krugman,1979、1980 和 1991a)。基于 Imbs and Wacizarg(2003),作者将讨论本地市场规模和对外贸易程度如何影响不同地区专业化水平的动态变化。

改革开放以后,市场机制逐渐成为中国社会经济发展的重要手段。越来越多的资源配置由市场供需关系决定,企业的生产活动组织倾向于响应利润最大化目标。但是渐进性改革也带来了一些制度上的扭曲,譬如地方保护主义。20 世纪 80 年代起,中国推行了财政分权改革,地方政府在经济决策过程中的角色开始变得重要。为了保护本地具有较好税收入和容纳较大就业规模的企业,地方政府通过设置贸易壁垒等非市场手段,阻碍商品和要素在地区之间流动,影响了国内市场一体化程度。World Bank(1994)从地区间价格差异、地区间贸易和要素流动(资本和劳动力)以及外汇交易流动等角度刻画了改革开放十多年间中国的市场分割程度。该研究的基本结论为:尽管中国推行了以市场经济为导向的经济改革,但相比于欧美等发达国家,中国内部市场的一体化程度还比较低。Young(2000)刻画了 20 世纪 80 年代中国地方保护主义的各种案例和形式,并通过对各省市国民收入的五个部门(农业、工业、建设、交通和贸易)和国民生产总值中的三个产业相对比重变化的分析,得出中国地区专业化程度降低的结论。Poncet(2003 和 2005)计算了 1992 年和

1997年间中国省份间的边界效应(Border effects)。她的研究证实了这期间地方保护主义的存在和其对地区间贸易具有负面影响。但是,另一些经济学家们则提供了中国市场一体化程度提高的证据。Naughton(2003)使用中国地区间投入—产出表的数据来计算不同省份之间的贸易流量。他的研究发现,1992年的中国省级地区之间的贸易流量比1987年上升了很多,反映这期间地区一体化程度在提高。部分文献分析了中国地区间的上游和下游物品价格的地区间协同演进规律。他们发现90年代后中国地区间价格趋同的证据,从而说明中国市场一体化程度一直在提高(Xu and Voon,2003;Fan and Wei,2006)。

学者们还考察了地方保护对中国地区间专业化的影响。Bai et al.(2004)分析了1985—1993年间中国产业专业化水平的决定因素。他们发现,国有企业比重高和利税比重高的产业的专业水平比较低。他们的解释认为,这是由于地方政府出于财税收入动机而倾向于保护本地国有企业和利税收入高的企业,从而导致这些行业的产业内贸易水平比较低,在空间分布上呈现分散。胡向婷和张璐(2005)提出了地方保护主义影响地方产业结构的理论模型,并利用1996—2002年间的26个省份的数据进行了验证。他们发现,地方保护程度越高,会增加地区间贸易成本,降低地区专业化水平。Bai et al.(2008)检验了地方官员的保护主义动机对中国地区间专业化水平的影响。该文章发现,不具有中央政府机构工作经历的地方官员倾向使用行政手段保护本地企业,对本地专业化水平的提高具有负影响。和他们的研究不同,本章从动态角度考察地方保护对地区专业程度的影响。

2.4.2 计量模型和解释变量选择

（1）计量模型

本章中,作者采用动态面板结构来检验不同地区专业化水平动态变化的影响因素。该结构设计如下：

$$\Delta SPEC_{i,t} = f(SPEC_{i,t-1}, \Delta X_{i,t}, X_{i,t-1}, \varepsilon_{i,t}) \quad (2.2)$$

其中,$SPEC_{i,t}$为t年i地区的专业化水平,Δ表示变量的变化,$X_{i,t}$表示影响该专业化水平的变量,$\varepsilon_{i,t}$为随机扰动项,表示为：

$$\varepsilon_{i,t} = c_i + q_t + v_{i,t} \quad (2.3)$$

其中,$v_{i,t}$为特异性误差(Idiosyncratic error),c_i和q_t分别表示地区和时间哑变量。

要估计上述动态面板方程,作者考虑以下几个识别问题。第一个是不可观察的控制变量。在估计中,作者通过引进地区固定效应(c_i)来控制如地理差异、气候差异等不随时间变动的区域因素。另外,作者使用时间固定效应来控制一些宏观变量(q_t),如国家财政政策、金融政策变动等对地区专业化的影响。第二是面板数据的异方差问题。为了解决这个问题,作者采用两种估计方法。一种是使用混合最小二乘法(Pooled least squares)估计并利用怀特截面方差估计量来修正,从而得到不同变量的估计系数和统计显著性值。另一种是直接使用广义最小二乘法(Generalized least squares)估计。

为了验证不同因素对地区专业化水平变化的长期和短期影响,作者使用面板误差修正模型(Panel data error correction model)。其构造如下：

$$SPEC_{i,t} = \alpha SPEC_{i,t-1} + \beta' X_{i,t-1} + \gamma' \Delta X_{i,t} + c_i + q_t + v_{i,t} \quad (2.4)$$

在估计模型中，$SPEC_{i,t-1}$ 前面的系数估计为负，表明地区专业化最终趋于长期均衡水平。在该动态模型中，各因素的长期影响系数分别为 β_j/α_1；各因素的短期影响系数为 r_j，其中 $j = 1, \cdots, J$。

（2）解释变量选取

在本节，作者描述影响地区专业化动态演进因素的指标。第一个指标是本地市场规模。作者使用本地总收入表示本地市场大小（TIN-COME）。接下来，作者构造表示地区对外贸易的指标。根据新经济地理学理论，作者构建了市场潜力（Market potential）指标来反映本地区和周边地区的贸易水平。作者使用地区间的空间距离作为权重对周边地区的收入进行加总得到不同地区的市场潜力。① 通常来说，两个区域的空间距离越近，彼此影响越大，给予的权重越高。不同地区的基于市场规模的潜力指标（P_TINCOME）构造如下：

$$P\_TINCOME_i = \sum_{j \neq i} TINCOME_j \cdot e^{-(d_{ij}/sd)^2} \qquad (2.5)$$

其中，d_{ij} 表示区域 i 的省会城市和区域 j 的省会城市之间的空间距离。sd 是标准距离，表示为上海和北京之间空间距离的四分之一。区域的总收入潜力越大，表明周边地区的市场规模越大。根据前面假设，市场潜力对本地区的地方专业化水平产生正面影响。

接下来，作者考虑反映地方保护主义程度的指标。地方保护主义通过设置贸易壁垒，切割国内统一市场，使各地区产业结构更依赖于当地市场，从而降低本地区专业化程度。现有文献认为地方保护是影响产业地理布局的重要因素，但是还没有文献提供一套统一的衡量地方保护主

---

① 本文中地区之间的空间距离表示为地区省会城市的空间距离。

义的指标,也没有直接考虑地方保护主义如何影响地区产业结构。① 这里作者从地方保护主义动机的角度,构建地方保护主义的指标。财政分权以后,国有企业对地方政府具有十分重要地位。一方面,国有企业是地方重要的收入来源,而且是吸纳当地就业的重要载体。另一方面,地方国有企业的主管人员主要由地方政府官员来任命,因此比起其他类型的企业,地方政府更容易从国有企业中获取好处。因此,作者使用某地区国有企业就业人数比例(SOE)来代表其地方保护主义的严重程度。

最后,作者还考虑全球化对本地的地区专业化水平的影响。我们使用出口值占 GDP 的比重来表示本地区加入全球贸易的程度(OPEN)。

利用中国公开出版的统计出版物,包括《新中国 60 年统计资料汇编》和历年各省份统计年鉴等,作者计算了这些指标。表 2-2 中展示了这些指标的描述性统计特征。

表 2-2 各变量的统计特征

变量	均值	最大值	最小值	标准差
SPEC	0.493	1.222	0.209	0.191
TINCOME	10.409	15.041	5.125	1.783
P_TINCOME	13.780	16.579	9.757	1.487
SOE	0.730	0.902	0.337	0.108
OPEN	0.101	0.776	0.001	0.135

注:表中数据由作者计算整理。

---

① Young(2000)使用我国总体上地区产业结构趋同的事实来证明地方保护主义的存在,但其并没有探讨地方保护主义是如何影响地区产业结构。Bai et al.(2004)主要关注产业保护和产业集中之间的线性关系,但没有考虑区域层面上地方保护动机对产业分布的影响。

2.4.3 实证结果

(1) 市场一体化和地区专业化关系的基本估计结果

面板误差修正模型同时估计了各因素对地区专业化水平的短期和长期影响。这里作者主要讨论本地市场规模和地区间贸易等因素对地区专业化水平的长期影响。作者分别用混合最小二乘法和广义最小二乘法对方程(2.4)进行了估计。表 2-3 报告了基本估计结果。在基本估计中,作者暂不考虑地方保护主义因素。根据表中结果,首先分析滞后一期的专业化水平系数。表 2-3 中显示 PLS 和 GLS 结果中,$SPEC_{i,t-1}$ 前面的系数均为负且在 1% 的统计水平显著。这说明动态模型可以有效估计地区专业化和其决定因素的长期均衡关系。

表 2-3 市场一体化和地区专业化:估计结果

	被解释变量:$\Delta SPEC_{it}$			
	PLS		GLS	
	估计系数	标准误	估计系数	标准误
$SPEC_{i,t-1}$	-0.494***	0.133	-0.493***	0.077
$\ln(TINCOME_{i,t-1})$	-0.042***	0.013	-0.018***	0.004
$\ln(P\_TINCOME_{i,t-1})$	0.045***	0.013	0.026***	0.002
$OPEN_{i,t-1}$	0.258*	0.139	0.245***	0.063
$\Delta\ln(TINCOME_{i,t})$	-0.026	0.018	-0.010	0.010
$\Delta\ln(P\_TINCOME_{i,t})$	0.095	0.079	0.089***	0.023
$\Delta OPEN_{i,t}$	0.166	0.109	0.106	0.068
地区固定效应	是		是	
时间固定效应	是		是	
调整 R^2	0.415		0.600	
观察样本	168		168	

注:样本年份为 1980、1985、1990、1995、2000、2005 和 2010。估计方法为混合最小二乘法(PLS)和广义最小二乘法(GLS)。*、** 和 *** 分别表示 10%、5% 和 1% 统计水平下显著。

接着分析本地市场规模因素。PLS 和 GLS 的估计结果表明,地区总收入的估计系数均为负,在1%水平上统计显著。本地市场规模对地区专业化的长期影响为负。该结果符合理论假设,即市场规模扩大带来本地需求种类的增加,从而产生与之匹配的多样化生产结构。

接下来考虑反映地区间贸易的市场潜力变量的系数。根据 GLS 和 PLS 的估计结果,作者发现地区总收入潜力的系数为正且在1%水平上统计显著。这说明从长期来说地区间贸易有利于提高本地区的地方专业化水平,该结果支持理论假设。

在 PLS 和 GLS 回归中,作者发现出口占 GDP 的比重的长期影响系数都是为正,且在1%水平上显著。这说明,一个地区对外贸易的程度越高,地区专业化水平越高,这符合新贸易理论的假设。

由于使用了动态面板估计,且估计中考虑固定效应,估计结果中的残差项可能存在序列相关,从而引起伪回归问题。因此,作者假设随机扰动项服从 $AR(1)$,然后分别对方程(2.4)作了重新估计。表2-4报告了估计结果。PLS 和 GLS 的结果都显示,各个变量的估计系数的符合和统计显著性与表2-3中的结果基本一致。这说明基本估计结果能够有效解释市场一体化对地区专业化的长期影响。

表2-4 市场一体化和地区专业化:稳健性检验

	被解释变量:$\Delta SPEC_{it}$			
	PLS		GLS	
	估计系数	标准误	估计系数	标准误
$SPEC_{i,t-1}$	-0.477**	0.216	-0.570***	0.117
$\ln(TINCOME_{i,t-1})$	-0.090***	0.015	-0.035*	0.021
$\ln(P\_TINCOME_{i,t})$	0.078***	0.014	0.044***	0.013
$OPEN_{i,t-1}$	0.574***	0.130	0.385***	0.105
$\Delta\ln(TINCOME_{i,t})$	-0.028**	0.013	1.06e-05	0.027

续表

	被解释变量：$\Delta SPEC_{it}$			
	PLS		GLS	
	估计系数	标准误	估计系数	标准误
$\Delta\ln(P\_TINCOME_{i,t})$	0.120	0.090	0.061*	1.870
$\Delta OPEN_{i,t}$	0.090	3.054	0.036	0.091
$AR(1)$	−0.198	0.163	−0.002	0.013
地区固定效应	是		是	
调整 R^2	0.232		0.506	
观察样本	140		140	

注：样本年份为1980、1985、1990、1995、2000、2005和2010。估计方法为混合最小二乘法（PLS）和广义最小二乘法（GLS）。*、** 和 *** 分别表示10%、5%和1%统计水平下显著。

（2）地方保护主义对地区专业化的影响

接着，作者考察地方保护主义对地区专业化的影响。根据现有文献，地方保护主义主要表现为地区间的贸易壁垒。作者假设地方保护主义会限制本地和其他地区的贸易，从而降低本地的地区专业化水平。为了验证该假设，作者在估计方程(2.4)中引进市场规模潜力变量和地方保护主义变量（SOE）的交互，且构造如下：

$$\Delta SPEC_{i,t} = \alpha SPEC_{i,t-1} + \beta_1 \ln(TINCOME_{i,t-1}) + \beta_2 \ln(P\_TINCOME_{i,t-1}) + \\ \beta_3 \ln(P\_TINCOME_{i,t-1}) \cdot SOE_{i,t-1} + \beta_4 OPEN_{i,t-1} + \\ \gamma_1 \Delta\ln(TINCOM_{i,t}) + \gamma_2 \Delta\ln(P\_TINCOME_{i,t}) + \gamma_3 \Delta OPEN_{i,t} + \\ c_i + q_t + v_{i,t} \qquad (2.6)$$

和上面基本估计一样，作者对方程(2.6)分别采用PLS和GLS进行了估计。表2-5报告了估计结果。表中滞后一期的专业化系数、本地总收入和总收入潜力变量的估计系数的符合方向和显著性基本和表2-3中结果一致。这里作者重点关注地方保护如何影响地区专业化。PLS和

GLS 的估计结果都显示,市场规模潜力变量和地方保护主义变量(SOE)的交互项系数为负且在1%水平上统计显著。这符合上述假设,即从长期来说地方保护对地区专业化水平具有负影响。

表2-5 地方保护主义和地区专业化水平:估计结果

	被解释变量: $\Delta SPEC_{it}$			
	PLS		GLS	
	估计系数	标准误	估计系数	标准误
$SPEC_{i,t}$	-0.468***	0.127	-0.441***	0.088
$\ln(TINCOME_{i,t-1})$	-0.046***	0.014	-0.173***	0.030
$\ln(P\_TINCOME_{i,t-1})$	0.061***	0.019	0.048***	0.003
$\ln(P\_TINCOME_{i,t-1}) \cdot SOE_{i,t-1}$	-0.017**	0.007	-0.030***	0.006
$OPEN_{i,t-1}$	0.210**	0.107	0.152***	0.033
$\Delta\ln(TINCOME_{i,t})$	-0.027	0.018	-0.011	0.011
$\Delta\ln(P\_TINCOME_{i,t})$	0.072	0.072	0.075***	0.021
$\Delta OPEN_{i,t}$	0.140	0.092	0.050	0.056
地区固定效应	是		是	
时间固定效应	是		是	
调整 R^2	0.414		0.660	
观察样本	168		168	

注:样本年份为1980、1985、1990、1995、2000、2005和2010。估计方法为混合最小二乘法(PLS)和广义最小二乘法(GLS)。*、** 和 *** 分别表示10%、5%和1%统计水平下显著。

(3)地区专业化 U 型假说验证

利用表2-3中的 PLS 估计系数,作者验证 Imbs and Wacziarg(2003)提出的关于地区专业化 U 型动态变化的假说。验证过程如下:首先,根据方程(2.4),作者计算各个因素的长期影响系数。然后利用样本中各个因素的实际统计值与相应的系数相乘再扣除估计出来的各地区固定效应系数,作者计算出各地区不同年份的专业化水平估计值。最后,作者将计算出的专业化估计值和其各地区相应年份对应的人均 GDP 值匹配,由此绘出两者的 XY 散布图(见图2-1)。在消除了地区固定效应后,我们的数据符合 Imbs and Wacziarg（2003）提出的关于地区专业化水平与人均 GDP 之间的 U 型关系。

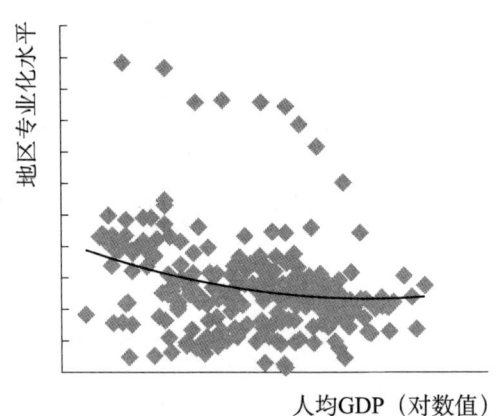

图 2-1　地区专业化和经济发展水平

注：作者计算和整理而得。

2.5　结论和研究展望

地区专业化是经济发展重要的空间特征。改革开放以后，中国的市场化程度迅速发展，国内市场一体化程度和对外贸易程度不断加强，重构了经济活动的空间布局。在本章中，作者刻画了 1980—2010 年间中国地区间专业化水平的变化，并解释了引起 30 年来地区专业化水平变化的经济因素和制度因素。结果表明，本地市场规模扩大促进地区产业结构的多样化，而周边地区市场规模构成的市场潜力则对地区专业化水平提高具有正向的影响。本章的研究验证了增长和贸易理论关于地区专业化水平变动的假设，即地区专业化水平是本地市场规模和地区间贸易两个因素共同决定。本章还考察了地方保护主义对地区专业化水平的影响。研究结果表明,地方保护主义阻碍地区间贸易,不利于地区专业化水平的提高。

本章的研究结论揭示了国内市场一体化程度关系到地区经济增长效率。三十多年的改革开放带动了中国经济的高速增长,但在经济转轨过程中,一些制度瓶颈,譬如劳动市场缺乏流动、地方保护主义和针对某些地区和产业的优惠政策等,对中国产业和人口的地理集聚产生了负面影响。而解决这一问题的关键就是要积极推动地区间的贸易,促进产业和劳动力按照比较优势原则在区域之间合理分布。从政策导向上来说,中央政府要继续加大区际之间基础设施的投入,降低内陆地区尤其是西部省份的交通运输成本,同时要积极鼓励中西部地区大城市的发展,充分发挥集聚经济的作用。当然,中央政策要通过财政方面的改革,鼓励地方官员运用市场机制配置当地资源,提高经济发展的运行效率。

本章的研究尚有不足之处。在下一步的研究中,作者将通过扩展Krugman(1979)的模型,从理论上解释地区专业化水平随着经济发展U型变动的轨迹。

第三章

马歇尔外部性和产业集聚①

3.1 引言

本章考察中国改革开放以来经济发展的另一重要空间特征——产业集聚。在过去的几十年里,全球经济发展的重要特征就是经济活动的集聚程度不断提高。以美国为例,近75%的人口生活在土地面积只占2%的城市空间里(Rosenthal and Strange,2004)。欧盟和日本等发达经济体里同样发现劳动力和资本高度集聚在城市里(Combes and Overman,2004;Fujita et al.,2004)。和发达经济体一样,伴随着改革开放的进程,中国的企业活动空间布局发生了重要变化,产业地理集中效应十分明显。不少研究中国区域经济的文献发现,过去三十多年来,中国制造业的大多数产业集中在沿海地区,如珠三角和长三角等。

经济学家们很早就认识到规模经济是经济活动空间集聚的重要原因。规模经济可能产生于同一产业内部不同企业之间,即外部规模经济(External economies),又称为马歇尔外部性(Marshallian externalities)

---

① 本章实证部分分析基于吴建峰和符育明(2012)。

(Marshall,1920)。规模经济也可能产生于企业内部,即通过生产环节的专业化分工产生成本的节约(Young,1928),称为内部规模经济(Internal scale economies)。无论是外部规模经济还是内部规模经济,距离的远近都会影响外部性带来的好处。经济学文献考察了马歇尔外部性和产业集聚的关系。一方面,不少研究发现马歇尔外部性是经济活动空间集聚的重要原因。譬如,Henderson(1974)和 Krugman(1991a,1991b)等从理论上阐释了马歇尔外部性引起产业空间集聚的机制。一些实证研究利用美国制造业企业数据证实了马歇尔外部性是产业间空间集聚的重要决定因素(Rosenthal and Strange,2001 和 2004;Greenstone et al.,2010;Puga,2010)。另一方面,部分研究发现马歇尔外部性还是产业集聚的重要后果,即产业在地理上集中通过垂直化分工实现规模生产优势(Stigler,1951;Chinitz,1961;Helsley and Strange,2007)。

就对中国的产业空间分布研究来说,已有文献解释了马歇尔外部性是否影响不同产业空间集聚程度的差异。在 1949—1978 年间,中国工业企业的选址并非出于经济上的考虑。很多企业由于国防安全和区域经济平衡发展需要,遵照政府计划指令,选址在内陆地区(文玫,2004)。Kim and Knapp(2001)研究了中央政府经济发展政策和中国经济活动空间布局关系。他们发现 1952—1985 年间,中国主要经济活动(如工业、交通运输业等)的空间分布都趋于分散状态。改革开放以后,随着市场机制和竞争的引进,企业选址不再按照计划经济规则而是更多遵循利润最大化机制,这使得企业选址更多考虑地理邻近和集聚经济的重要性(Gao,2004;Catin et al.,2005;贺灿飞等,2008)。由于中国的市场化改革和对外开放采用渐进性方式,一部分地区或者部门率先引入市场化机制,而另一部分地区或者部门还是保留原有计划经济体制,不可避免产生激励上的扭曲,为寻租提供了可能。譬如说,在财政分权下,地区间竞争日趋激烈。为了确保本地经济增长和财政收入,很多地方对一些增加值高、利税率高或者价值链长的产业实行保护政策,导致重复建设和产业分散布局。因此,学者们注意到这些制度性扭曲制约了马歇尔外部性的产生,对中国产业空间布局产生了负面影响。例如,Bai et al.(2004)利用动态面板数据研究了中国产业地理集中度的决定因素和变动趋势。他们发现,行业外部经济和历史条件是决定中国工业集聚的重要因素,证实了新贸易理论和新经济地理关于产业空间集中的基本假设。更重要的是,他们还发现利税率比较高以及国有化程度比较高的行业的地区集中度相对较低,表明地方保护主义不利于跨地区贸易和产业空间聚集。黄玖立和李坤望(2006)等沿用 Bai et al.(2004)的研究框架探讨了中国工业地区分布不均衡的决定因素,尤其是制度性障碍的作用。结果发现,20 世纪 80 年代由于新旧工业基地交替,中国不同地区间的产业份额趋于收敛,而 90 年代后产业空间分布不均衡程度加深,该变化与地方保护主义程度减少有很大关系。Lu and Tao(2009)考察了 1998 年以后中国制造业的地理分布,也发现地方保护主义对产业空间集聚有着负向影响。

  上述文献主要验证了马歇尔外部性是经济集聚的原因,没有检验马歇尔外部性是否是产业集聚的重要后果。本章将检验中国产业空间集聚演变中马歇尔外部性的存在,并讨论市场化改革是否通过释放马歇尔外部性从而加速了产业活动收敛于空间集聚均衡水平。利用 1980 年以来我国制造业行业数据,作者发现,企业愿意通过空间集聚而不是扩大本身规模来获取生产规模优势,从而证实了马歇尔外部性存在条件下产业垂直化分工和空间集聚具有替代关系的理论假说。本章的研究还表明马歇尔外部性是影响产业空间集聚演变的重要因素,并提供了市场化改革能够促成马歇尔外部性的出现并使产业较快趋近于空间集聚的均衡水平的证据。本章的重要贡献在于作者识别了经济集聚中马歇尔外部性的存在,丰富了现有关于马歇尔外部性和经济集聚关系的研究文献。

本章其余部分安排如下:第二部分回顾了马歇尔外部性的理论和实证文献,尤其是近年来的研究和观点。第三部分刻画了1980—2010年间中国制造业空间集聚的状态和走势。第四部分探讨了马歇尔外部性如何影响经济集聚动态变化。第五部分是结论及政策建议。

3.2　马歇尔外部性:文献回顾

企业愿意和同一产业内的其他企业在某个特定地理区域内聚集。经济学家们将产业间企业集聚产生的好处称为马歇尔外部性。一般来说,静态的马歇尔外部性称做地方化经济(Localization economies),而动态的马歇尔外部性则称为MAR(Marshall-Arrow-Romer)经济(Henderson,2003)。长久以来,学者们从不同角度解释了产业空间集聚形成的微观基础。Marshall(1920)提出了产业集聚的三个基本来源:(1)中间投入品共享,(2)劳动力市场共享,(3)知识溢出。Duranton and Puga(2004)则从以下三个方面综述了产业集聚的产生机制:(1)共享(Sharing),(2)匹配(Matching),(3)学习(Learning)。本节将基于Marshall的经典分类,回顾关于马歇尔外部性的理论和实证研究文献。最近不少研究已经综述了这方面的文献,如 Hanson(2001)、Rosenthal and Strange(2004)、Puga(2010)、Moretti(2011)等,这里作者重点介绍关于马歇尔外部性的最新研究成果和发现。

3.2.1 中间投入品共享

企业愿意和同一行业内其他的企业在空间上集中的原因之一就是分享中间投入品。Vernon(1972)中提到的制衣企业集聚在纽扣生产商群的旁边,就是典型的投入品共享引起产业集聚的例子。O'Sullivan(2007)提到,很多规模较小的创新型企业在空间上集聚是为了共享电子设备。

就微观机制来说,Goldstein and Gronberg(1984)从理论上探讨了投入品共享是产业在空间上集聚的重要原因。利用 Panzar and Willig(1981)提出的范围经济(Economies of scope)概念,Goldstein and Gronberg 提出了分析集聚经济(Agglomeration economies)的基本框架。利用企业成本最小化理论,他们推理出了关于范围经济和集聚经济的条件:(1)在什么条件下存在生产多样化产品企业的城市?(2)什么情况下存在生产单一产品企业的城市?(3)什么情况下企业生产多样化产品,但是不愿意在城市地区选择区位?(4)什么情况下生产单一产品的企业没有动机到城市选择区位?根据他们的理论,如果企业将不同生产环节在同一个地区生产比放在不同地区生产要便宜,则说明集聚经济的存在;如果所有产品放在同一企业生产的成本比放在不同企业生产要低,则说明范围经济的存在。他们认为,实现集聚经济的一个关键是城市能够提供可分享的投入品,如仓库设施、机器修理店和技能培训中心等。企业通过共享这些设施降低了自身生产成本,证明集聚经济的存在。如果通过投入品共享仅降低同一产业内各个企业成本,则该集聚经济定义为地方化经济;若降低了所有企业的成本,则该投入品共享产生的集聚经济称为城市化经济。

  Goldstein and Gronberg(1984)提出了分析集聚经济的框架,但是没有明确涉及企业的空间布局。Abdel-Rahman and Fujita(1990)弥补了这一不足。他们构造了一个规模报酬递增模型来分析企业通过空间集聚来共享非贸易中间投入品,从而获得集聚经济。在该模型中,最终产品是可贸易的,而中间投入品不可贸易且由一个垄断竞争企业来提供。选址在密度相对高的地区的企业共享规模大且种类较多的中间投入供应商池,而选址在非城市地区的企业只能共享小规模且产品种类较少的中间投入供应商池。根据他们的分析,如果某个地区的企业数量增加,则该地的中间供应品数目和种类都会上升,使得该地生产率水平提高,从而带来集聚效应。根据他们的理论,如果选择集聚在类似企业周边,新进入企业就会从当地已有的中间投入品供应商网络中获益。在均衡状态下,若有便宜、便捷且专业的中间投入品或者服务,本地就会吸引更多企业的进入,从而提高本地企业集聚程度。最近,Kranich(2011)基于新经济地理框架来解释如何测度产业内垂直专业化的程度,即产业内不同企业中间投入品共享强度。模型认为,该强度主要依赖于不同中间投入品的替代弹性和下游成本所占的份额。

  除了理论模型外,一些文献证实了投入品共享是产业集聚的原因。Holmes(1999)利用制造业企业数据,描述了制造业企业空间布局的模式。他发现,中间投入品使用程度较高的企业更愿意在地理上和同一行业的其他企业共同集中,从而验证了共享中间投入品是产业空间集聚的原因的假设。借助于 Holmes(1999)的方法,Li and Lu(2009)和 Figueiredo et al.(2010)分别考察了中国和葡萄牙的制造业企业数据,得出了类似的结论。还有部分研究检验了行业层面的数据,也发现中间投入品依赖程度高的产业更愿意在空间上集聚(Rosenthal and Strange,2001;Duranton and Overman,2008;Ellison et al.,2010)。

3.2.2 劳动力池效应

企业愿意在空间上集聚的另一重要原因是劳动力池效应。从理论上来说,本地劳动力充裕带来同一行业的企业在地理上集中的机制有两个:一是提高供求匹配,二是共享风险。Helsley and Strange(1990)认为在一个劳动力和企业比较集中的地区,企业和工人之间会有很好的匹配。在他们的匹配模型中,企业需要的技能和工人所拥有的技能都是多样的。聚集的劳动力和企业的数量越多,每个专业化的工人越容易找到需要对应技能的企业。与此同时,企业也能够容易找到所需要的拥有相应技能的工人。工人和企业如果能够比较好的实现匹配,就会减少对某项工作的培训成本。因此,劳动力池效应提高了包括劳动力和资本在内的生产要素的生产率水平,继而吸引更多工人和企业在本地的集聚。Acemoglu(1997)和 Rotemberg and Saloner(2000)证实了在劳动力和企业集中的地区,工人和企业之间更容易匹配。最近,Gautier and Teulings(2009)解释了为什么规模报酬递增的搜寻行为带来城市集聚经济。根据他们的模型,工人的技能是异质的,生产商品的任务也是异质的。工人们根据他们的技能来找寻生产商品的不同任务工作,他们需要在匹配质量和继续找寻中进行权衡(Tradeoff)。工人寻找工作任务的行为在规模比较大的市场中更具有效率。规模比较大的地区具有生产任务比较多且使用稀有技能工人的比较优势,因而吸引更多产业的集聚。一些实证研究证实了工人和企业之间较好的匹配是产业空间集聚的重要原因。Costa and Kahn(2000)指出,劳动力和企业丰裕的地区对夫妇同时就业的家庭非常重要,因为这些地区能够较好解决夫妇在同一地区就业的问题。Anderson et al.(2007)利用美国的微观数据证实了地区的劳动力越丰裕,工人技能和企业之间在就业市场中的匹配质量越高。Abel and Deitz(2012)分析了美国大学毕业生的就业情况。他的研究发现,在工人和企业比较集中的地方,大学毕业生找到工作和找到好工作的可能性大大增加,从而验证了劳动力池效应所带来的工作匹配是马歇尔外部性产生的重要原因。

劳动力池效应的另一个好处是风险分享。Krugman(1991b)运用理论模型阐释了这一机制。根据他的理论,如果一个地区聚集若干企业,则会降低工人在面对负面经济冲击时的失业风险,原因是工人可以用较低的成本从冲击较大的企业转向冲击较小的或者不受冲击影响的企业就业。同样地,如该地区的劳动力很丰裕,企业就不用担心因为劳动力供给较少而雇不到工人,或者在面临正向冲击时,企业可以在保证工资微小上涨的前提下就能雇到额外需要的工人。因此,基于风险共享的好处,企业和工人愿意在同一地区集聚。基于Krugman(1991b)的框架,Duranton and Puga(2004)重新描述了企业和工人愿意集聚到劳动力丰裕的市场以共同分享不确定风险的模型。最近,不少实证文献验证了劳动力池能够共享风险机制的假设。譬如Overman and Puga(2010)揭示了劳动力池效应在英国制造业空间集聚中的作用。他们测度了行业间单个企业就业人数变动的平均相对程度和劳动力市场丰裕程度的关系。根据他们的研究结果,在控制了中间投入品共享因素后,单个企业就业人数变动比较大的行业在空间上更倾向于集中,从而证实劳动力池效应是产业空间集聚的重要原因。Andini et al.(2013)利用意大利的数据,发现人口密度高的地方,人们的工作更换频率比较高。该发现证实了在企业集聚的地方,面对不确定冲击时,人们可以通过转换工作降低失业风险。

3.2.3 知识溢出

除了中间投入品共享和劳动力池效应,引起产业空间集聚的第三个原因是知识溢出。如 Marshall(1920)和 Krugman(1991b)中所提及,同一产业内不同企业之间知识溢出或者信息流通是有地理边界的。因此,地理或者位置上的邻近对知识溢出具有非常重要的作用。Glaeser(1999)建立了一个理论模型来描述知识溢出效应的作用机制。在该模型中,Glaeser 假设个体通过和别人的互动(如模仿)来获取或者学习技能。人与人接触的机会越多,彼此学习的机会就会越多。根据他的理论,为了更好地学习技能和加快人力资本积累,人们倾向工作和生活在同一空间,形成空间上的集聚经济(如城市)。Duranton and Puga(2004)重新描述了 Glaeser(1999)的模型,揭示了与高技能或者技术水平的个体在空间上相邻能够加快技能的获取和知识的传播。Audretsch and Feldman(2004)综述了相关文献,解释知识溢出带来创新活动空间集聚的基本机制。Berliant et al.(2006)运用搜寻模型(Searching model)解释了知识交流的微观机制。在他们的模型中,代理人,如消费者(工人)、企业和专利持有者等,拥有同一水平但不同类型的知识。代理人有动机去寻找其他代理人交流想法以提高生产效率。因为交流需要付出成本,某个人的知识如果太多样化,则不易和其他人有知识交流。同样地,如果某个人和其他人的知识太相似,其和他人之间也很难有知识传播。根据该模型,个人选择在多大的人群范围进行知识交流是内生的。该模型还解释了个体的人力资本积累、信息流通模式和这些行为如何带来经济活动的空间集聚。

还有文献从实证角度验证知识溢出是产业空间集聚的重要机制。因为知识溢出和人力资本积累是不可观察的,不少文献通过间接的证据来证实知识溢出效应的存在。这里作者主要列举直接证实知识溢出效应的文献。Jaffe et al. (1993)通过"文本痕迹"(Paper trail)的方法,即专利引用记录,来检验在同一空间里存在多大程度的不同企业间的知识溢出。该文章认为,区分专利引用的空间分布是由知识溢出带来还是与其他集聚经济来源有关是一个重要挑战。为了解决这个问题,他们将没有引用其他专利但是拥有同样的时间和技术分布的原创专利作为引用其他专利的专利的"控制"组,然后比较两类型专利在空间布局上的不同。他们发现,原创地相同的专利之间的引用频率要远远高于不同地区专利的引用频率,从而证实了知识溢出本地化的理论。Thompson and Fox-Kean(2005)重新评估了 Jaffe et al. (1993)的分析结果。他们使用不同的标准选择了新的控制组,得出了和 Jaffe et al. (1993)一致的发现。Audrestch and Feldman(1996)利用数据检验了创新型生产活动的空间分布。他们发现,这些生产活动在空间上具有很高的集聚程度,从而证实了知识溢出对这些 R&D 企业区位选址的重要性。Keller(2002)讨论了知识溢出的地理范围。他的研究发现知识很大程度上具有地方性而不是全球性,而且知识溢出的好处随着地理距离呈现衰减。Andersson et al.(2005)利用商业专利数据分析了瑞典新知识生产活动的空间分布。他们发现,这些创造专利的企业更容易在规模大且密度高的地方出现,也容易在中等企业规模比例较高的地方出现。Kerr(2010)研究了发明者的族群组成对美国创新活动空间集聚的影响。该文章发现 20 世纪 90 年代以来中国和印度的科学家和工程师对美国技术进步的作用越来越大,且这些族群的科学家在城市间分布呈现集聚状态。Serafinelli(2013)利用意大利的雇主——工人匹配数据,发现工人从高生产率的企业流动到附近的企业,能够明显带动后者的生产率水平的提高。他们的研究提供了知识溢出的证据。Crescenzi et al.(2014)利用一组英国发明者的面板数据来解释地理性、组织性、制度性、社会性和族群性的邻近如何影响发明者之间的合作。结果发现,地理上的邻近是发明者合作的重要因素,但是制度和族群等因素会削弱地理邻近的重要性。

3.3 产业空间集聚的描述:1980—2010

改革开放以来,中国产业空间布局发生了显著变化,这引起了很多学者的关注。譬如,罗勇和曹丽莉(2005)利用中国制造业行业 1993 年、1997 年、2002 年和 2003 年数据,计算了产业集聚的 E - G 指数(见 Ellison and Glaeser,1997)。他们的发现证实了中国产业集中度在 1993—1997 年有所下降,之后一直呈现增长趋势。黄玖立和李坤望(2006)观察了中国1980—1997年间的数据。他们计算了表示产业的GINI系数,结果发现中国制造业的空间集聚水平总体上呈现U型变化趋势。贺灿飞等(2007)基于2004年中国第一次经济普查数据,探讨了中国制造业的地理集聚情况。他们计算了不同地理尺度下的产业分布基尼系数。结果发现,中国的制造业高度集聚在珠三角、长三角以及环渤海等地区。贺灿飞等(2008)分析了中国不同产业的地理集中程度和区位指向。他们发现20世纪80年代以来多数产业经历先分散后集中的趋势,与Bai et al.(2004)、罗勇和曹丽莉(2005)、黄玖立和李坤望(2006)的结论一致。就不同产业类型而言,他们的研究发现出口加工型产业趋向于集中在沿海地区,原料指向型产业接近于资源地且集中程度较低,而消费市场导向型产业接近市场需求地且趋于分散。路江涌和陶志刚(2006和2007)利用中国制造业数据计算了衡量产业空间集聚的E-G指数。他们的计算结果表明在1998—2003年间,中国的制造业在空间上呈现愈发集聚趋势,但是和发达经济体相比,中国的制造业产业空间集聚程度还有很大提高空间。现有这些研究利用中国不同阶段的数据,计算了不同的产业空间集聚指数。在他们研究的基础上,本章利用制造业二位码行业数据,计算改革开放三十年来不同产业的空间集聚指数,来考察更长时间段的中国经济增长的空间特征。

3.3.1 产业空间集聚指数

由于缺乏早期年份的企业层面的数据,作者很难计算反映产业空间集中的E-G指数。作者通过改进Kim(1995)中提出的Hoover指数来计算中国制造业的产业集聚程度。该指数构造如下:

$$RC_{kt} = \sqrt{\sum_{i=1}^{N}\left[\left(\frac{EMP_{kit}}{\sum_{i=1}^{N}EMP_{kit}}\right) - \left(\frac{\sum_{k=1}^{M}EMP_{kit}}{\sum_{i=1}^{N}\sum_{k=1}^{M}EMP_{kit}}\right)\right]^{2}/(1-1/N)}$$

(3.1)

其中，EMP_{kit} 表示 t 期 i 地区 k 行业的就业人数，N 代表样本中地区数目（$N=1,\cdots,28$），M 是样本中行业总数量。相比 Hoover 系数来说，该指数的好处是能够规避地区规模对产业集聚程度的影响。[①]

计算该指数的数据来自于公开出版的中国工业统计年鉴（参见导论部分的数据来源和处理方法）。该套数据具有以下特点：(1)时间跨度较长，这些数据涵盖了 1980 年以来不同制造业的行业信息；(2)统计信息较为充分，这些数据提供了省级二位码制造业的总产出、增加值、就业人数、总工资收入、销售收入、出口额、企业数目等数据；(3)这些数据具有跨年度可比性。1994 年和 2002 年我们国家统计局先后修改了国民经济产业分类标准（分别对应于 GB/T4754—1994 和 GB/T4754—2002）。为此，我们采用 Nicita and Olarreaga（2007）中的标准对我国二位码制造业进行合并调整来保证跨年产业的一致性，这里作者考虑 29 个二位码制造业行业。产业集聚指数的计算是以省级行政区域为地理单位。

3.3.2 产业空间集聚的描述：1980—2010

图 3-1 描述了产业空间集聚指数（RC）在 1980—2010 年间的变化走

---

① Hoover 系数测量产业不均衡程度的不足之处在于，其容易受到接近于全国平均份额的地区相对产业规模变化的影响。具体来说，当规模不等的两个地区位于水平轴中间部分而不是两端时，从大地区向小地区的位置转换将使得 Hoover 系数赋予更高的权重（见 Amiti，1999）。

势。1980年各行业产业集聚的简单平均值是0.103,在1985年略有下降至0.101,随后一直上升到2010年的0.185。使用加权平均值(权重为各行业所占总产出的比例)计算出的趋势也很类似:1980年的产业集聚指数为0.080,下降到1985年的0.078,之后一直处于上升走势,到2005年该指数达到0.198,但是2010年下降至0.189。这种趋势显示,在经历80年代末的下降后,中国的制造业在空间上呈现集聚趋势。该结果与很多现有文献利用其他指数计算出的不同阶段的产业集聚系数基本吻合(白重恩等,2004;Catin et al.,2005;路江涌和陶志刚,2006和2007;贺灿飞等,2008)。80年代末期间制造业空间集聚水平下降与地方保护主义有关。80年代初期价格双轨制实施后,很多地方政府通过设置贸易壁垒等保护主义措施来保护本地产品和企业,阻碍了地区间的贸易(Young,2000)。

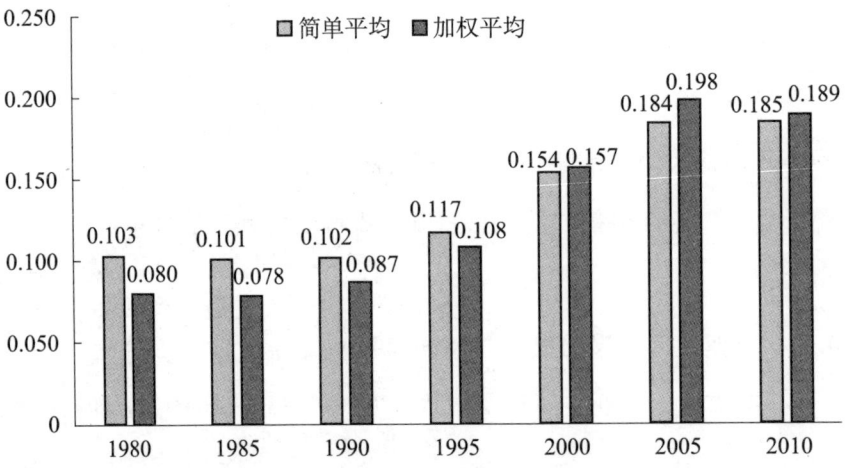

图3-1 不同行业产业集聚水平变化趋势

注:图中数据由作者计算整理,加权的权重为各行业占制造业总产出的比例。

除了时间趋势的描述外,作者还检验了不同行业的空间集聚程度。表 3-1 报告了不同年份各个行业的空间集聚指数(RC)的平均值。数据显示,不同行业的空间集聚程度差异较大。产业集聚程度最高的前五位行业分别是文教体育用品制造业(0.540),石油加工、炼焦及核燃料工业(0.403),烟草制造业(0.399),通信设备、计算机及其他电子设备制造业(0.378),以及化学纤维制造业(0.350);产业集聚程度较低的行业包括金属制品业(0.131),造纸及纸制品业(0.139),专用设备制造业(0.140),化学原料及化学制品制造业(0.148),以及非金属制品制造业(0.155)。该计算结果与现有研究对不同行业产业集聚的排序基本相似(如 Bai et al.,2004;贺灿飞等,2007)。在空间集聚程度最高的行业中,文教体育用品制造业和化学纤维制造业被视为地方保护最弱的行业,企业选址较多由比较优势和集聚经济主导,而通信设备、计算机及其他电子设备制造业则被认为是最具全球化特征的行业。这些行业需要充分接近世界市场和利用外部规模经济,因而愿意在空间上集中。而石油加工、炼焦及核燃料工业和烟草制造业则属于资源依赖性行业,容易在接近原料产地集中。而产业集聚程度较低的行业,多数为需求导向型,分布较为分散。

表 3-1 不同行业产业空间集聚指数平均值及排序

行业代码	行业名称	RC 指数平均值	排序
13	农副食品加工业*	0.247*	11
14	食品制造业	0.185	20
15	饮料制造业	0.233	15
16	烟草制品业	0.399	3
17	纺织业	0.198	18

续表

行业代码	行业名称	RC 指数平均值	排序
18	纺织服装、鞋、帽制造业	0.234	14
19	皮革、毛皮、羽毛(绒)及其制品业	0.328	8
20	木材加工及木、竹、藤、棕、草制品业	0.340	7
21	家具制造业	0.242	12
22	造纸及纸制品业	0.139	28
23	印刷和记录媒介的复制业	0.158	22
24	文教体育用品制造业	0.540	1
25	石油加工、炼焦及核燃料加工业	0.403	2
26	化学原料及化学制品制造业	0.148	25
27	医药制造业	0.155	23
28	化学纤维制造业	0.350	5
29	橡胶制品业	0.147	27
30	塑料制品业	0.239	13
31	非金属矿物制品业	0.155	24
32	黑色金属冶炼及压延加工业	0.343	6
33	有色金属冶炼及压延加工业	0.314	9
34	金属制品业	0.131	29
35	通用设备制造业	0.164	21
36	专用设备制造业*	0.140*	26
37	交通运输设备制造业	0.202	17
39	电气机械及器材制造业	0.198	19
40	通信设备、计算机及其他电子设备制造业	0.378	4
41	仪器仪表及文化、办公用机械制造业	0.213	16
42	工艺品及其他制造业	0.294	10

注：表中数据由作者计算整理。*农副食品加工业和专用设备制造业在1994年以后的行业分类标准中分别从食品制造和通用设备制造业中分离出来，因此，这两个行业只包含1995年及以后的数据。

3.4 产业集聚中马歇尔外部性的识别

如前所述，自马歇尔外部性学说提出以后，经济学者们十分关注马歇尔外部性和产业集聚的关系。一方面,他们认为马歇尔外部性是经济活动空间集聚的基本原因,如 Henderson(1974)和 Krugman(1991a)等;另一方面,一些研究发现马歇尔外部性还是产业集聚的重要后果,即产业在地理上集中,通过垂直化分工实现规模生产优势(Stigler,1951;Chinitz,1961;Helsley and Strange,2007)。一些国内文献主要解释了上述第一方面的关系,即马歇尔外部性是影响产业在地理上集中的重要因素(如白重恩等,2004;黄玖立和李坤望,2006;路江涌和陶志刚,2006 和 2007;贺灿飞等,2008)。这里作者提出考察产业垂直化分工和地理集聚协同演进的方法来识别马歇尔外部性的存在,即同时考察马歇尔外部性和产业集聚的双向关系。

3.4.1 基本假说

经济理论认为,马歇尔外部性是产业空间集聚的重要微观基础,包括中间投入品共享、劳动力池效应和知识外溢。如第二节的论述,厂商倾向于接近中间产品供应商集中地方以获得大量且多样的中间产品,这样一方面节省交通成本,另一方面可以享受到中间产品供应商之间竞争带来的较低价格,从而增加利润。厂商愿意空间集聚的第二个原因是享受劳动力池效应的好处,即在劳动力汇集的地方,厂商和工人之间寻找彼此所需对象的成本会降低,从而吸引更多厂商和劳动力集聚。知识外溢是行业在空间上集聚的第三个原因。企业在地理位置上邻近有利于知识传播和技术交流,从而提高生产率水平。由此我们得到假说1。

假说1 依赖马歇尔外部性的行业更容易在空间上形成集聚。

就中国而言,马歇尔外部经济的实现与否与市场改革进程密切相关。经济改革以前,我国政府全面参与经济活动。在这一体制下,政府计划决定了企业选址及其资源配置方式,因而产业的专业化分工程度比较低。Kim and Knaap(2001)发现在计划经济时期,我国工业企业的产出趋于分散。其他研究也表明低的专业化分工限制了中国产业层面的生产率水平的提高(Gao,2004)。自20世纪80年代以后中国政府推行的市场化和全球化改革,使企业活动在更大程度上响应市场机制。经济要素自由流动,人口和产业在空间上形成集聚,从而产生出劳动力池效应、投入品共享效应和知识溢出效应。He and Pan(2010)考察了中国城市产业数据,发现了非国有资本比例比较高、出口程度比较高和受地方保护比较多的行业更容易获得动态外部经济,表明市场化改革更大程度上发挥了马歇尔外部性对城市产业增长的作用。由此,我们得出基本假说2。

假说2 市场化程度高的行业更快收敛于均衡空间集聚水平。

经济理论还认为,马歇尔外部性是产业空间集聚的后果。Marshall(1920)指出"大规模生产的优势,可以借助为数众多的专精于某一过程且聚集于某一区域的小企业来完成"。Stigler(1951)认为当市场足够大时,具有规模经济的中间投入品生产可以独立于其他企业独立生产,使得原本垂直整合的产业渐渐变为垂直分工的产业。Krugman(1980)从理论上验证了随着市场规模的扩大,企业可以通过产业内贸易产生规模效应。Helsley and Strange(2007)指出在集聚经济存在前提下,最终产品生产者利用合同不完整性和投入品专业性敲诈投入品供应商的机会(Opportunism)减少,降低了交易成本,容易促成产业内的垂直分工。除了理论文献,不少实证研究也证实了产业集聚和专业化分工替代关系的存在。Holmes(1999)利用美国的企业数据,发现产业集聚和企业垂直化分工之间具有正向关系。Figueiredo et al.(2010)考察了葡萄牙的数据得出了类似的结论。由此作者提出第三个假说。

假说3 在马歇尔外部性的存在条件下,产业集聚和垂直化分工具有替代性。

3.4.2 经济改革、马歇尔外部性和产业集聚动态变化

(1) 估计方法

该部分验证上述假说1和2,即探讨市场化改革如何释放马歇尔外部性并且使产业更快趋近均衡的集聚水平。作者引用了误差修正模型来刻画市场化改革对产业集聚趋近市场均衡水平速度的影响。该模型的基本结构如下:

$$\Delta RC_{k,t} = \alpha + \beta' \Delta X_{k,t} + \gamma' \Delta Y_{k,t} + \theta' Z_{k,t-1} + \lambda_1 ECM_{k,t-1} + \lambda_2 ECM_{k,t-1} \cdot Z_{k,t-1} + \mu_k + \varepsilon_{k,t} \quad (3.2)$$

其中$X_{k,t}$表示t期产业k的马歇尔外部性特征,$Y_{k,t}$表示t期产业k的其他特征,$Z_{k,t}$表示t期产业k的市场化程度,$\varepsilon_{k,t}$是随机扰动项,α、β、γ和θ分别表示系数。$ECM_{k,t}$表示长期均衡偏差项。λ_1是短期调整参数,λ_2能够描述市场化改革因素对长期均衡偏差项的影响。该模型表明产业集聚的变化取决于其决定因素(X和Y)的变化以及前一期的非均衡程度,而产业的市场化程度会影响产业集聚由短期非均衡状态向长期均衡状态调整。该修正模型成立的基本前提是被解释变量RC和其解释变量(X和Y)之间存在协整关系。为此,作者采用的估计方法是:首先确定RC和其影响因素之间长期均衡关系存在,方程表述为:

$$RC_{kt} = \delta + \rho' X_{k,t} + \phi' Y_{k,t} + \mu_k + \phi_{k,t} \qquad (3.3)$$

其中 μ_k 表示产业固定效应，$\phi_{k,t}$ 表示随机扰动项。根据估计结果，我们计算 $\widehat{RC}_{k,t} = \hat{\delta} + \hat{\rho}' X_{k,t} + \hat{\phi}' Y_{k,t}$，其中 $\hat{\delta}$ 为常数，$\hat{\rho}'$ 和 $\hat{\phi}'$ 分别是相关解释变量的估计参数。

接着作者用 $(RC_{k,t-1} - \widehat{RC}_{k,t-1})$ 替换 3.2 中的 ECM，得到如下方程：

$$\Delta RC_{k,t} = \delta + \theta' Z_{k,t-1} + \lambda_1 (RC_{k,t-1} - \widehat{RC}_{k,t-1}) +$$
$$\lambda_2 (RC_{k,t-1} - \widehat{RC}_{k,t-1}) \cdot Z_{k,t-1} + \mu_k + \varepsilon_{k,t} \qquad (3.4)$$

其中 $(RC_{k,t-1} - \widehat{RC}_{k,t-1})$ 表示长期均衡偏差项。作者利用其与市场化水平的交互来考察产业如何调整其区位以趋近市场均衡集聚水平。

（2）变量选取

在实证研究中，作者考虑表示马歇尔外部性的行业特征变量，包括行业技术投入强度和行业中间产品投入强度。除了这些变量，作者还考虑制造业空间集聚的其他微观基础。传统区位理论认为，产业愿意集聚接近市场中心、港口或者交通中心的地方（Weber,1909）。基于此，作者引入行业出口程度这一变量；另外作者还控制了资本性产业特征，即行业的资本使用强度；最后，作者考虑行业的市场化水平。作者使用非国有企业就业人数比例来表示行业的市场化程度。这些变量使用的行业层面的数据来自于各年度的地区年度统计年鉴和工业统计年鉴。1980 年和 1985 年的行业层面的出口数据来自于《世界银行贸易和产业数据库(World Bank Database of Trade and Industry)》。[1]

---

[1] 该数据收集自新加坡国立大学图书馆电子数据库。

行业技术投入强度（TECH）。技术投入强度高的企业更愿意在空间集中以获得马歇尔外部性。为了验证行业技术投入强度对产业集聚和企业规模的影响，作者引入行业相对工资水平来衡量其技术投入强度，表示为

$$TECH_{kt} = wage_{kt} \bigg/ \left(\frac{\sum_{k=1}^{M} wage_{kt}}{M} \right) \quad (3.5)$$

其中，$wage_{kt}$ 表示 t 期行业 k 的工资水平，M 表示所有行业数量。根据图 3-2 的显示，从时间趋势上来说，1980—2010 年间制造业平均相对技术投入强度略有下降，但行业间差异表现出先扩大后缩小的走势。

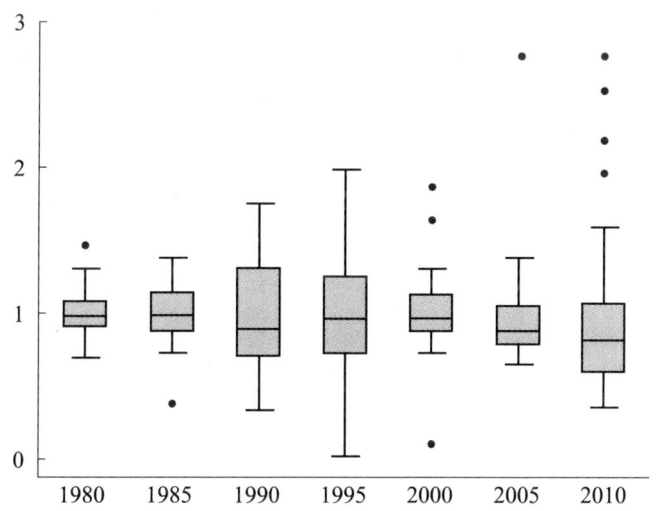

图 3-2 不同行业技术投入强度变化走势

注：图中数据由作者计算整理。

行业中间投入品强度（INTER）。根据理论分析，产业内联系会影响企业的分布，中间品投入比较强的行业更愿意在地理上聚集。中间产品

投入强度表示为：①

$$INTER_{kt} = 1 - \frac{GDP_{kt}}{Output_{kt}} \quad (3.6)$$

其中，GDP_{kt} 和 $Output_{kt}$ 分别表示 t 期行业 k 的工业增加值和总产出。图 3-3 显示，自 1980 年以来，中国制造业中间产品投入平均强度总体上呈上升趋势，中间产品投入强度的行业间差异无明显变化。

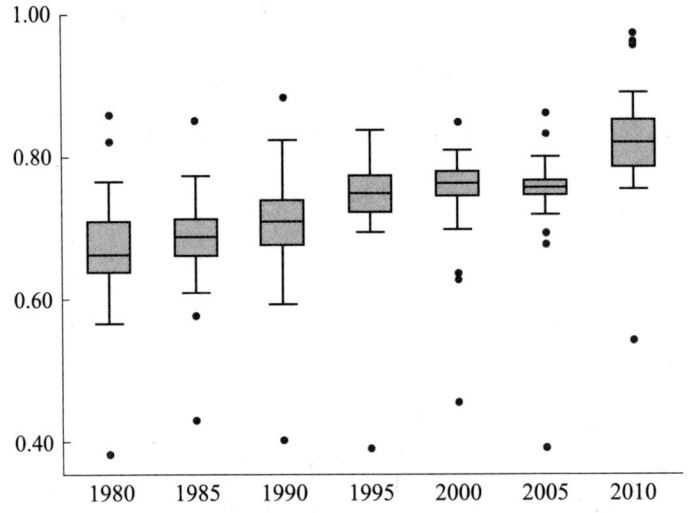

图 3-3　不同行业中间投入品强度变化走势

注：图中数据由作者计算整理。

行业出口程度（$EXPO$）。出口强度比较高的企业在空间上更倾向于空间集中以分享信息和相关基础设施，降低成本和风险。作者用出口值占销售收入的比重来测算行业出口程度。图 3-4 显示了 1980—2010 年

---

① 该计算公式依据工业核算中工业总产出、增加值和工业中间投入的关系（见 Amiti，1999）。

中国制造业平均出口程度的走势和分布情况。数据显示,自 1980—2000 年中国制造业出口程度呈上升趋势,2000—2010 年略有下降。就行业间出口程度差异来说,1980—2000 年以来行业间出口程度差异呈上升趋势,2000 年以后也有所下降。

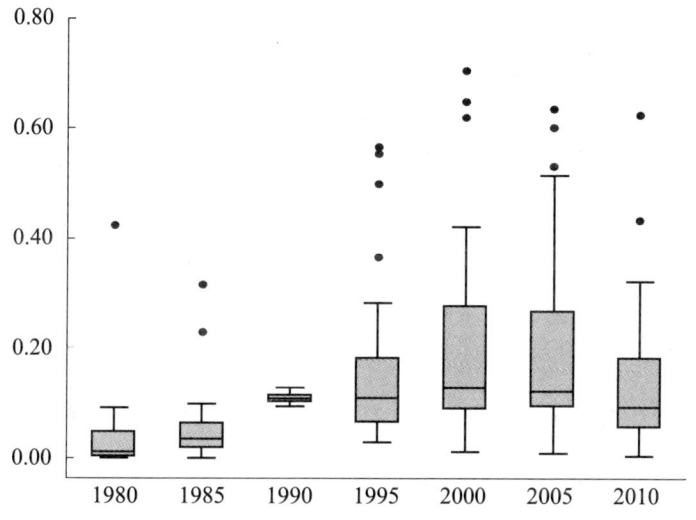

图 3-4 不同行业出口程度变化走势

注:图中数据由作者计算整理。

行业资本使用强度(CAP)。一些文献中发现资本密集型的行业容易在空间集聚(文玫,2004)。所以,作者引入行业资本使用强度。该指标表示为行业增加值与总工资收入之比。图 3-5 显示了中国制造业资本使用强度的趋势和分散情况。数据显示,1980—2010 年间制造业资本使用强度变化表现倒 U 型趋势:1980—2000 年间稳步上升,之后开始下降。行业间的差异除了 2005 年较小外,其他年份间无明显变化。

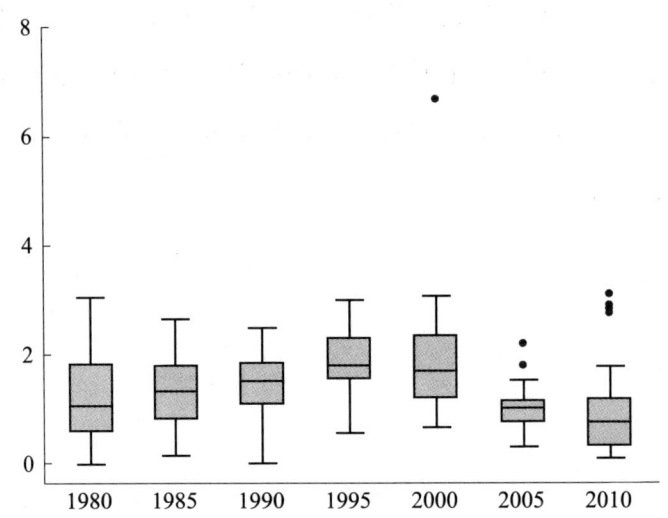

图 3-5　不同行业资本使用强度变化走势

注：图中数据由作者计算整理。

行业市场化程度（NONSOE）。作者用非国有企业就业人数比重来表示该制造业的市场化程度。过去三十多年，中国市场化改革取得了很大成就，非国有经济成为市场经济发展的重要力量。2000年以后，非国有部门的工业产出已经占到全国工业总产出的50%以上（Dougherty et al.，2007）。非国有经济的快速成长说明经济活动中市场力量在加强：一方面非国有经济对市场环境质量的要求比较高；另一方面政府对市场管理的行为也会趋于规范。研究证明，当非国有经济比重比较高时，地方政府直接参与经济活动的机会就比较少，其利用各种补贴来帮助当地企业在市场进行不正当竞争，或者通过行政手段等限制或者打击当地企业的竞争对手的可能性比较少（周业安，2004）。图3-6显示了1980—2010年来中国制造业非国有企业就业人数比例的趋势和分布情况。数据显示,各制造业非国有企业就业人数比例呈上升趋势,且非国有企业就业人数比重的产业间差异呈缩小趋势。

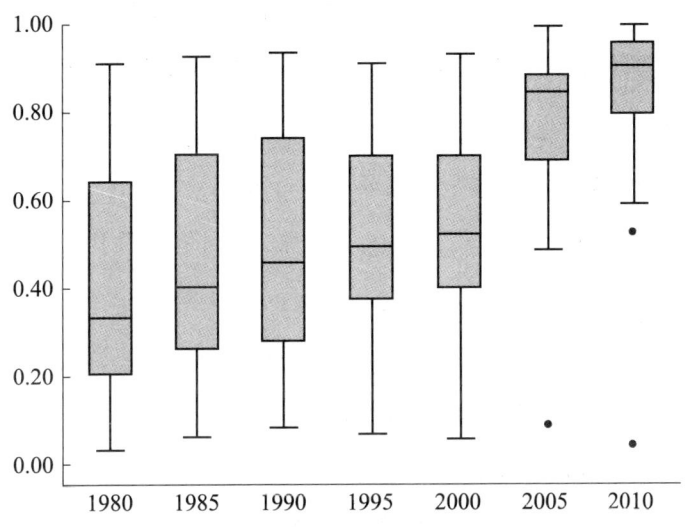

图3-6 不同行业市场化程度变化走势

注:图中数据由作者计算整理。

(3)估计结果

作者首先使用1980—2010年29个制造业行业的面板数据来估计不同行业的产业集聚水平(RC)与产业特征的均衡关系,即方程(3.2)。为了准确得到RC和各解释变量的长期均衡关系,作者考虑以下几个问题:第一,内生性问题。估计中的被解释变量可能影响解释变量,例如集聚程度比较高的行业可能更加愿意接近中间产品提供商,从而导致反向因果问题。为了解决反向因果引起的内生性问题,作者引入工具变量并进行两阶段最小二乘法(TSLS)估计。具体地,作者引入滞后一期的行业特征变量、滞后一期的行业集聚水平和时间固定效应作为工具变量。作者认为当期企业选择区位时,这些变量是预先给定的,不会引起反向因果问题。第二,随机扰动项自相关问题。估计中可能存在一些影响产业集聚的因素没有被考虑,这些因素可能与其他变量自相关,导致当期随机扰动项与滞后一期随机扰动项自相关。为解决这个问题,作者考虑随机扰动项服从 $AR(1)$ 过程。第三,面板数据的异方差问题。在估计中,作者使用横截面加权系数回归(Cross-sectional weighted regression)方法来解决面板数据可能存在的异方差问题。第四,在估计中作者还引入产业固定效应,解决遗漏无法观测的且不随时间变化的产业特征所带来的估计偏差问题。我们同时还考虑了时间走势的影响。

表3-2 中列出了估计结果。第(1)和(2)列使用了 OLS 估计方法,其中(2)列中作者同时考虑了随机扰动项 $AR(1)$ 过程和横截面加权系数回归方法。作者发现,除了行业中间产品投入强度外,行业技术投入强度、行业资本使用程度和行业出口程度对制造业空间集聚的影响系数为正且统计水平上显著,符合前述的理论假设。(2)列中估计结果显示,$AR(1)$ 为正且 1% 统计水平上显著。接着作者引入了工具变量并用两阶段最小二乘法(2SLS)估计。在估计中作者考虑随机扰动项 $AR(1)$ 和横截面加权系数回归方法,第(3)列和第(4)列报告了估计结果,其中(4)列只考虑(3)列中统计水平显著的变量。作者发现行业技术投入强度、资本使用程度和出口程度的系数为正且都在 1% 统计水平上显著,行业中间产品投入强度的系数为负但统计水平上不显著。与(2)列中的估计结果相比,作者发现:行业技术强度和行业出口程度的估计系数值没有太大差异,但是统计水平上的显著性明显提高;行业资本强度的估计系数减小,仍具有统计水平上的高度显著性。这说明 OLS 的估计结果中行

业资本使用强度的作用估计过高。依据(4)的结果:在其他因素不变情况下,行业技术强度每增加1%,产业集聚水平提高0.023个百分点;行业资本使用强度增加1%,产业集聚水平提高0.015个百分点;而行业出口程度每高出1%,产业集聚水平增加0.123个百分点。该估计结果表明行业技术投入强度、行业资本使用度和行业出口程度是影响中国制造业集聚的重要因素。

表 3-2 产业集聚影响因素:估计结果

	被解释变量:RC			
	OLS 回归		2SLS 回归	
	(1)	(2) (Cross-section weights)	(3) (Cross-section weights)	(4)
常数	0.110***	0.100***	0.063***	0.050***
	(4.378)	(6.010)	(10.380)	(3.170)
ln(TECH)	0.060***	0.020**	0.018***	0.023***
	(4.730)	(2.450)	(4.050)	(3.750)
INTER	−0.026	0.0002	−0.010	
	(0.813)	(0.018)	(0.623)	
ln(CAP)	0.030***	0.020***	0.014***	0.015***
	(5.080)	(13.345)	(4.440)	(5.269)
EXPO	0.087***	0.080**	0.100***	0.123***
	(3.720)	(2.020)	(3.585)	(5.679)
时间趋势			0.014***	0.013***
			(4.291)	(4.180)
AR(1)		0.439***	0.482***	0.452***
		(5.310)	(4.172)	(4.004)
行业固定效应	是	是	是	是
调整 R^2 系数	0.879	0.940	0.932	0.935
D−W 值	1.554	2.090	2.390	2.410

注:TSLS 回归中,我们使用了 White(dialogue)的协方差系数调整结果。TSLS 中工具变量包括 EXPO(−1)、ln(TECH(−1))、ln(CAP(−1))、INTER(−1)、时间固定效应以及滞后被解释变量。样本中包括29个产业,7个时期,共203个观测值。括号里是T统计值。*、**和***分别表示10%、5%和1%统计水平显著。

利用表 3-2 中第(4)列估计系数,作者根据方程(3.3)计算了 $\widehat{RC}_{k,t}$,然后估计动态面板方程(3.4)。作者考虑市场化改革因素对产业集聚水平变动的影响。这里,行业市场化程度的变量包括两个:一是非国有企业就业人数比例,二是非国有企业就业人数比例的变动。估计中,作者让这两个变量与长期均衡偏离项交互,同时控制行业固定效应和时间固定效应。考虑到可能存在的异方差问题,作者采用引入横截面加权(Cross-section weights)的广义最小二乘法估计。表 3-3 中显示了回归的基本结果,其中(1)列中没有考虑交互项的影响,(2)列包括交互项在内的所有变量。根据估计结果,$(RC(-1)-\widehat{RC}(-1))$ 对产业集聚的变动为负且在 1% 统计水平上显著,表明不同行业的产业集聚能够实现从非均衡状态到均衡状态的调整。估计结果还表明,非国有企业就业人数比例和其变动均对产业集聚变动有显著性正影响。该结果说明,市场化改革后企业能够响应市场机制进行选址和组织生产活动以获取集聚经济。从交互项的估计结果来看,$(RC(-1)-\widehat{RC}(-1))$ 与非国有企业就业比例的交互影响系数为正但统计水平上不显著,而 $(RC(-1)-\widehat{RC}(-1))$ 与非国有企业就业比例变动的交互对不同行业产业集聚变动产生统计水平上显著的正影响。这说明,市场化程度高的行业更容易达到均衡空间集聚水平。表 3-3 中的估计结果证实了市场化改革使得中国制造业企业通过地理集中获得马歇尔外部性的好处。

表 3-3　经济改革、马歇尔外部性和产业集聚的动态变化:估计结果

	被解释变量:$\triangle RC$	
	GLS 回归(Cross-section weights)	
	(1)	(2)
常数	0.028***	0.035**
	(3.001)	(2.480)
$RC(-1)-\widehat{RC}(C)$	-0.495***	-0.400**
	(4.760)	(2.080)
$NONSOE(-1)$	0.080***	0.089***
	(3.760)	(3.167)
$D(NONSOE)$	0.060**	0.139**
	(2.120)	(2.221)
$(RC(-1)-\widehat{RC}(-1))\cdot NONSOE(-1)$		-0.017
		(0.086)
$(RC(-1)-\widehat{RC}(-1))\cdot D(NONSOE(-1))$		-1.321***
		(2.933)
行业固定效应	是	是
时间固定效应	是	是
调整 R^2 系数	0.535	0.518
D-W 值	2.219	2.234

注:在 GLS 回归中,作者使用了 White(cross-section)的协方差系数调整结果。样本中包括 29 个产业,7 个时段,共 203 个观测值。括号里是 T 统计值。*、** 和 *** 分别表示 10%、5% 和 1% 统计水平显著。

3.4.3　产业集聚中的垂直化分工动态变化

(1)估计方法和变量选择

接下来,作者验证行业垂直化分工是否内生于空间集聚的变化,即马歇尔外部性是否是产业空间集聚的后果。为了验证该假说,作者使用动态面板数据结构。估计方程如下:

$$\Delta\ln(SIZE)_{k,t} = a_0 + a_1\ln(SIZE)_{k,t-1} + a_2 RC_{k,t-1} + a_3 V_{k,t-1} + u_k + \phi_t + \omega_{k,t} \quad (3.7)$$

其中,$SIZE$ 表示行业的垂直化程度,V 表示影响产业垂直化程度的控制变量,μ_k 和 ϕ_t 分别是行业固定效应和时间固定效应,$\omega_{k,t}$ 表示扰动项,a_i 表示参数,$i = 1,2,3$。a_1 的估计系数一般为负,表明长期均衡状态下产业垂直化程度趋于收敛。在估计中,作者使用行业资本使用度作为控制变量。一般来说,资本使用度较高的企业的生产量比较大,其产品的市场范围也会比较大,因而会提高企业内部规模(Young,1928)。另外,在估计中作者还控制了一个行业的市场化程度对其垂直化分工程度演进的影响。

借鉴 Holmes(1999),这里使用行业的企业平均就业人数来表示其垂直化分工程度,即行业的总就业人数和该行业的所有企业数量之比。企业平均就业人数越少,表示企业越依赖行业的垂直化分工。图 3-7 显示,1980—2010 年间中国制造业的垂直化分工程度总体上呈现先上升后下降的趋势,但是行业间的差异呈现缩小趋势。

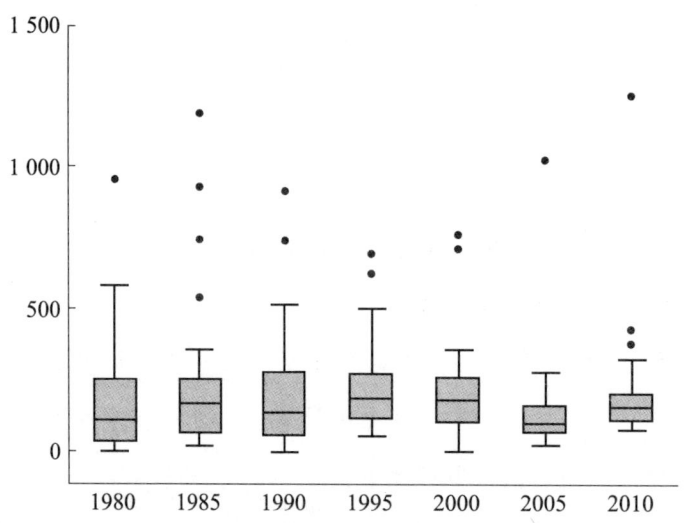

图 3-7　不同行业垂直化分工变化走势

注:图中数据由作者计算整理。

(2) 估计结果

表3-4中报告了估计结果,其中(1)列不考虑非国有企业就业人数比例及其变化,(2)列考虑所有解释变量。从结果来看,企业平均就业人数滞后一期的影响为负且在1%统计水平上显著,这表明该动态模型可以有效估计行业的产业垂直化程度及其影响因素的长期均衡关系。估计结果显示,资本使用程度对产业垂直化程度的变动具有显著的正影响。重要的是,空间集聚对产业垂直化分工变动的影响系数为负且1%统计水平上显著。这说明,在其他因素不变的条件下,产业垂直化分工程度和经济集聚具有替代关系。该结果验证了基本假设3,即存在马歇尔外部性条件下,企业更愿意通过企业外分工而不是企业内分工来获取规模经济。估计结果还显示市场化程度对产业垂直化程度变动产生影响的证据:在其他变量控制的情况下,非国有企业就业人数比例和非国有企业就业人数比例的变动对产业垂直化分工的变动具有负影响,且后者的影响系数在1%统计水平上显著。该结果说明,市场化改革鼓励企业通过空间集聚而非扩大规模来获取马歇尔外部性。

表3-4 产业垂直化分工的动态变化的影响因素:估计结果

	被解释变量:$\Delta\ln(SIZE)$	
	GLS回归(Cross-section weights)	
	(1)	(2)
常数	3.068***	3.490***
	(12.070)	(9.874)
$\ln(SIZE(-1))$	-0.632***	-0.650***
	(13.784)	(13.196)
$\ln(CAP(-1))$	0.184***	0.144***
	(3.360)	(2.657)
$RC(-1)$	-0.890**	-1.027**
	(2.007)	(2.174)

续表

	被解释变量:Δln(SIZE)	
	GLS 回归(Cross-section weights)	
	(1)	(2)
NONSOE(-1)		-0.510
		(1.400)
D(NONSOE)		-0.701***
		(3.133)
行业固定效应	是	是
行业固定效应	是	是
调整 R^2 系数	0.870	0.864
D-W 值	1.756	1.700

注:GLS 回归中,我们使用了 White(dialogue)的协方差系数调整结果。样本中包括29个产业,7个时段,共203个观测值。括号里是T统计值。*、** 和 *** 分别表示10%、5%和1%统计水平显著。

3.5 结论

本章讨论了马歇尔外部性和产业空间集聚的关系。首先,作者回顾了关于产业空间集聚的三个马歇尔外部性来源的理论文献和实证研究。接着,作者刻画了1980—2010年间中国不同制造业行业的空间集聚状态。数据显示,中国制造业在空间呈现越发集聚趋势。在实证部分,作者提出了识别产业集聚中马歇尔外部性的方法,并利用中国的制造业数据对马歇尔外部性和产业空间集聚的关系进行了验证。一方面,作者发现马歇尔外部性是解释行业间地理集中程度差异的重要因素;另一方面,作者通过考察产业集聚和产业垂直化分工程度的协同演进过程,发现集聚程度高的行业其垂直化分工程度也高,从而验证了理论上关于马歇尔外部性是产业集聚的后果的假设。本章的研究结果还显示市场化改革能够加速产业活动收敛于空间均衡集聚水平。

该章的研究结果强调了产业垂直化分工的重要意义。产业内部存在的垂直化分工是规模报酬递增的媒介,同时也是经济进步的重要来源(Young,1928)。这种高度垂直化的分工提高了产业空间分布的合理性。

本章的讨论为中国企业、产业和城市发展政策提供了经验依据。首先,实证研究发现了企业愿意通过空间集聚来实现产业间的分工。因此,对于地方发展而言,产业间分工和企业专业化程度提高具有重要意义。个别企业的经济规模对推动产业发展固然重要,但其只有与产业内其他企业通过空间集聚构成合理的分工网络并衍生较强的外部经济时,才能形成一个新的地方化产业。其次,本文发现了市场化机制推动经济增长的重要途径就是释放马歇尔外部经济。亚当·斯密提出产业间分工程度的大小取决于市场范围的大小。Kim(2006)实证发现美国区域经济增长和工业进步和其国内市场一体化程度提高有很大关系。和第二章关于专业化研究中发展出的观点一致,就中国而言,积极推动市场化改革和国内市场一体化是实现地区经济进步的重要政策取向。譬如,政府可以通过跨地区基础设施一体化等方式来减少区际交通成本,鼓励地区间产业合作和产业结构优化,最终形成具有竞争力的区域城市群,让不同层次的地区分享经济增长的好处。最后,政府要重视内需市场的开拓。除了国际市场,国内市场需求的开拓对地区经济发展来说同样重要。Ades and Glaeser(1996)运用跨国数据证实了这一观点。因此,中国需要扩大内需市场,把国民经济真正推动到内需拉动的途径上来。国内市场的扩大能提升产业分工的精细度,为经济增长创造更大的源泉。

第四章

产业空间流动和地区不均衡增长

4.1 引言

20世纪80年代以来,伴随着经济的快速增长,中国各地区间发展不均衡问题日益突出。已有文献研究了地区间的生产率水平差异、人均收入差异和地区间产业集中度的差异。最近,Fan et al.(2011)、Zhang and Zou(2012)和Knight(2014)综述了中国地区差异的研究文献。根据他们的讨论,80年代中国省际间差异有收敛趋势,而90年代以后地区间差距不断拉大。地区发展不平衡的演变过程也是产业空间分布格局变化的重要后果。本章从产业空间流动的角度来探讨改革开放以后中国地区经济发展差距。

根据经济理论,产业在地区间流动对地区经济增长的影响可能会产生两种结果。一种是企业在原产业中心继续集聚,使得产业集聚地与非产业集聚地差距扩大。根据新经济地理假设,具有规模递增的产业在空间上更愿意通过集聚来获得增长的外部效应。随着要素流动增加,地区间交易成本下降,产业在空间上形成自我集聚(Self-agglomeration)(Krugman,1991a)。这种自我集聚的过程使原产业集聚地继续保持领先优势,导致地区间差异,即"中心—外围"结构。另一种是企业由产业中心地向成本较低的非中心地流动,从而缩小地区差距。企业生命周期理论认为,在发展初期,企业往往会选址在新技术容易产生、技术传播比较快的区域(譬如中心城市)以享受外部经济。生产技术比较成熟后,这些企业就会远离原先的集聚地,迁往地价和劳动力成本相对比较低的地区(Duranton and Puga,2001)。就中国来说,企业生命周期的动力包括两个维度:(1)经济改革,当市场机制逐步取代计划经济时,原先通过计划经济指令落户在边远和内陆地区的企业就会迁移到工业化和贸易比较方便的沿海地区,以节省交易成本和获取规模经济。(2)技术进步,当生产技术逐步标准化后,产业从原来外部经济比较高的地区会渐渐流动到成本较低的区域。

根据 Dumais et al. (2002) 的分析框架,产业集聚的动态变化分解成两个过程:一是考察期初的产业中心的重要性下降,产业活动向新产业中心扩散,称为地区产业增长的均值回复(Mean reversion);二是原有产业中心继续吸引新的产业,或者初始产业份额相似的地方经历不同程度的增长,称为地区产业增长的离散(Dispersion)。Fuchs(1962)将产业在不同地区间的离散增长的加总表示为该产业在地区间的流动程度。根据这样的分解,产业在不同地区间的流动程度包括两个部分:一是由于新旧产业中心更替带来的产业流动,该过程对应于生命周期理论;二是产业空间集聚变化导致的产业流动,该过程基于新经济地理的假说。

利用中国省级二位码制造业数据,本章中作者首先描述了不同地区产业就业人数份额的变化走势。数据发现,20世纪80年代以来沿海地区占有的制造业就业人数份额呈不断上升趋势,而这一趋势在2005年后有所减缓。就行业类型来说,沿海地区的劳动密集型和资源依赖型行业在经历过二十多年的增长后,其就业人数份额在2005年以后开始下降,而高科技行业在沿海地区的份额一直呈现上升趋势。

通过对不同产业的空间集聚变化的分解,作者分析了1980—2010年间不同产业在不同地区间流动程度和与其相关的两个过程。然后,作者探讨了与产业流动相关的两个过程和地区行业增长的关系,即哪些地区从产业空间流动中获益,哪些地区在产业空间流动中受损。研究结果表明,沿海地区是产业区际流动的最大受益者。具体来说,在80年代,沿海省份逐渐取代计划经济时期的内陆老工业基地,成长为新的制造业中心。到了90年代,沿海地区利用其对外贸易、基础设施、历史工业基础和人力资本等优势,不断吸引新兴企业的进入,强化了其工业中心的地位,从而促进地区经济增长。但是到了2010年,沿海地区对部分行业的吸引力有下降倾向,而中部地区在企业定位中的重要性在提高。该结果证实了已有文献关于部分制造业由沿海向内地迁移的发现(Bao et al.,2013)。

本章其余部分安排如下:第二部分依据研究对象的不同回顾了关于中国地区间不平等的已有文献;第三部分分析了80年代以来不同地区制造业所占就业人数份额的变化;第四部分描述了空间集聚动态变化的分解框架,并利用数据考察了1980—2010年间中国不同行业集聚动态变化和相关的产业流动规模;第五部分分析了与产业流动相关的两个过程和不同地区行业增长的关系;最后是结论和政策建议。

4.2 文献回顾：中国地区间发展不均衡

中国区域发展不均衡问题一直受到国内外经济学家的重视。很多文献从不同角度研究了不同时期中国地区经济发展差异的趋势,并解释了影响这些趋势的因素。Fan et al.(2011)、Zhang and Zou(2012)和Knight(2014)分别从不同角度综述了近年来研究中国地区、城乡和地区内部不平等的文献。在本章里,作者重点介绍研究地区间不均衡发展的文献。依据研究的对象不同,作者将现有地区发展不平衡文献归为三类:第一类是考察地区间生产率水平的差异;第二类是研究地区间人均收入水平的差异;第三类则是从集聚经济角度考察地区间产业发展的差异。

4.2.1 地区间生产率水平的差异

从现有研究中国地区发展不平衡的文献来看,部分文章基于Barro and Sala-I-Martin(1991和1995)的分析框架讨论了中国地区间生产率水平的收敛趋势。Jian et al.(1996)讨论了1952—1993年这段时期中国地区间人均GDP的收敛趋势。他们的文章发现,相对于计划经济早期的1952—1965年阶段和1965—1978年阶段,中国地区间人均GDP的差距在改革开放后的1978—1993年阶段明显缩小。他们的研究认为,改革开放早期十多年的地区间生产率收敛与一些省份的农业生产率提高和贸易导向型产业快速发展有关。但到了20世纪90年代以后,地区间生产率水平的差异又开始扩大,东部沿海地区的发展速度明显快于中西部地区。Zhang(2001)利用Solow经济增长框架重新评估了改革开放以来中国地区间不平等。他的研究发现在 1978—1984 年间,无论是检验沿海、中部和西部三个大区域数据,还是检验 28 个省级区域的数据,中国地区间人均 GDP 呈现收敛趋势。而 1984 年后,他发现三个大区域间人均 GDP 出现扩大趋势,但省级区域之间的生产率水平差距没有拉大。该文章的实证研究还表明,对外贸易和 FDI 是引起地区间生产率水平不平等的重要原因。Cai et al.(2002)计算了 1978 年以来地区间人均 GDP 的变异系数,同样证实 1990 年以来地区间生产率水平不断拉大。根据他们的解释,劳动力市场扭曲是造成地区间人均 GDP 增长差异的主要原因。Démurger et al.(2002)分析了 1952—1998 年间中国地区间人均 GDP 增长的差异,并探讨了地理和偏向沿海地区的优惠政策在改革开放以后地区间经济发展中的相对作用。他们的研究发现在地区经济增长过程中,地理的相对作用要大于优惠政策的作用。由此,他们认为,通过提高基础设施投入来解除内地发展瓶颈有助于减少地区间生产率水平的差异。他们的研究也证实了 Démurger(2001)的研究发现,即基础设施是造成中国 1985 年以来地区间生产发展水平差异的重要因素。Luo(2005)基于 Solow 增长框架模型,研究了周边地区经济表现(Neighborhood performance)对地区经济增长的影响。其首先计算了不同省份的周边地区经济表现,然后检验其和地区人均 GDP 的关系。结果发现,沿海市场的快速发展产生了很大的溢出效应,与此同时地区差距也在不断扩大。

还有一些文献借助其他框架解释了中国地区间生产率水平的差异。譬如,Wan et al.(2007)借助最新发展起来的夏普里值分解法衡量了包括全球化在内各种因素对 1987—2001 年间中国地区收入差距的影响。

他们的研究发现,全球化是影响地区收入差距的重要因素,且这一因素变得越发重要。与此同时,他们也发现资本和市场化改革对地区间经济差距有显著影响。而教育、地理位置和人口负担率对地区间收入差距的相对贡献变得较弱。Philips and Shen(2005)研究了国有企业对地区经济增长的影响。他们首先建立了一个简单的关于政治决策的模型。根据该模型,国有部门越大,地方经济增长率越低。然后,他们利用中国1978—1997年省级水平的数据,检验了国有部门份额和地方人均GDP的关系。研究结果表明,国有部门份额下降对人均GDP水平提高有正向作用,证实了他们模型中的理论假设。

在最近的研究中,Hoshino(2011)考虑到中国统计数据的偏误问题,利用不同的公开数据来源,检验了1979—2009年间省级地区间人均GDP的差异。他们调整了现有地区常住人口数量,并按此调整数据重新计算了人均GDP。他们发现使用新调整的人均GDP,20世纪90年代以来的研究高估了中国的地区差异。根据他们的数据,2005年以来省际之间的差距呈现下降趋势,而2002年以后西部地区内部的地区差异在拉大。Banerjee et al. (2012)研究了交通可进入性对县级地区人均GDP的影响。他们的研究发现,交通可进入性对地区人均GDP的影响并不太多,对人均GDP的增长没有影响。通过建立一个简单理论模型,他们认为地区间资本缺乏流动是造成交通可进入性对地区经济增长影响较弱的原因。

4.2.2 地区间人均收入的差异

有一部分研究地区间不均衡的文献讨论了地区间人均收入的差距。Lu and Wang(2002)研究了1978—1998年间中国地区间经济福利的差异。他们的数据表明,在 1978—1990 年间中国省际之间的福利差异呈现下降走势,但 1990 年以后这一差异开始扩大。该趋势和地区间生产率差异的走势基本一致。该研究认为不同的政府发展战略,例如偏向沿海地区的开放政策等,是造成这一走势的重要原因。

Fan et al. (2011) 分析了新中国成立以来中国地区间人均消费水平差异的走势,并验证了相关政策对差异走势的影响。他们计算了 1952 年以来的中国地区间的人均消费的 GINI 系数和 Theil 指数。根据他们的计算结果,1980 年以来两个指数均呈上升趋势,表明改革开放以来地区间人均消费的差距在不断拉大。他们将 Theil 指数分解为城乡差距和沿海内地差距两部分。数据表明,尽管城乡差距解释了很大部分的地区间总体差距,但是改革开放以后沿海内地差距的快速增长是地区间总体差距不断扩大的主要构成。他们还分析了地区发展战略对地区间人均消费差距的影响,发现基础设施投资、社会投资和地方保护以及渐进性的政府改革是影响地区间人均消费差距的重要因素。

Roberts et al. (2012) 分析了高速公路网的发展对地区经济发展的影响。基于结构性的新经济地理模型,作者采用了反事实方法(Counterfactual exercises)来验证高速公路发展对地区人均工资的影响。他们发现,2007 年实际人均工资要比假设没有国家高速公路网状况下的人均工资高 6%;他们的研究还发现,国家高速公路网对经济增长的正面作用因地区不同而不同,其中获益最大的是东部沿海区域;他们的研究结果表明,虽然国家高速公路网促进了不同地区人均收入的增加,但是没有能够有效减少地区间的收入差距。

Candelaria et al. (2013) 使用中国国家统计局的人口普查和年鉴数

据,验证了90年代以来不同地区之间的人均可支配收入的趋势。他们计算了衡量地区间收入差距的变异系数。他们的数据表明,在扣除了本地的生活成本后,从1990—1999年间中国地区之间的人均实际工资差异快速增长,而这一差异在2006—2011年间开始有略微下降。他们解释了地区间人均工资差异的原因,发现劳动力质量、产业构成、劳动力供给弹性和地理条件的差异能够解释50%以上的上述差异。他们检验了省际间劳动力流动和地区间人均工资差异的关系,并发现前者对后者的影响很小。该结果说明劳动力不能在省际之间流动,是造成地区间实际收入差异持久存在的主要原因。

4.2.3 地区间产业集中的差异

还有一部分文献从产业集聚角度研究了中国地区间发展不均衡问题。Fujita and Hu(2001)从不同产业空间分布的角度分析了1984—1994年间中国地区发展不均衡问题。他们计算了固定资产投资和制造业产出在不同省份间的变异系数和沿海内地份额比。他们的数据表明1985—1994年间,这两个指标均呈上升走势。该结果说明改革开放以后,中国的产业空间分布呈现向沿海地区集聚的趋势。他们的研究还发现,改革开放以来中央政府实施的"沿海先富裕起来再带动内地共同富裕"的区域偏向性政策,使得沿海地区能够很好地利用市场机制和加入全球生产体系的机遇,吸引到更多的FDI和外向型产业,实现了经济的飞速发展。Gao(2004)研究了改革开放以来中国不同省份的产业增长。他的数据表明在研究的27个二位码制造业中,25个制造业的东南沿海地区的产出份额实现了增长。他验证了影响地区间产业增长的因素,并发现地区市场竞争程度、私有化程度、交通体系、出口程度和FDI等是促成沿海地区产业快速发展的主要因素。Wen(2004)比较了1980年、1985年和1995年间中国不同地区产业的集聚程度,同样发现大多数制造业集中在沿海省份。Catin et al.(2005)考察了1988—1997年中国二位码制造业地区分布的GINI系数,发现高新技术产业的空间集聚程度不断提高,且呈现越发集聚在沿海地区的趋势。他们选取了四个代表性行业并分析了它们在沿海和内地空间集聚程度。根据他们的实证结果,地区初始发展水平是沿海地区吸引高科技行业的重要因素,但其对内陆地区没有影响。该结果说明了高科技行业更愿意定位于沿海省份。他们还发现,劳动密集型行业在内地的分布和地区间的经济特征没有关系,而经济发展水平比较低的沿海省份则容易吸引到更多的劳动密集型行业。这说明劳动密集型行业的转移主要局限于沿海地区内部。

4.3 地区发展不均衡的演变:基于制造业细分行业的观察

行业在不同地区的相对增长,一方面会影响产业本身的空间集聚水平,另一方面也是各地区经济增长不均衡的重要特征。在本节,作者通过描述不同地区制造业的就业人数份额变迁来考察1980年以来中国地区发展不均衡变动的过程。需要说明的是,作者基于省级二位码的制造业行业进行分析。考察时期为1980—2010年,且选择每个五年的时点为观察年份。作者将中国分为六大区域,即大都市地区、东北地区、沿海地区、中部地区、西北地区和西南地区。作者还根据Catin et al.(2005)

将制造产业分为劳动密集型、资源依赖型和高科技行业三种类型。① 根据上述地区和行业的划分,作者分别计算了不同年份不同制造业就业人数在这六大地区所占份额。

图4-1展示了1980—2010年以来上述六大地区所占全国制造业就业人数的比例变化。从时间维度上观察,沿海地区所占就业人数比例一直处于上升趋势,从1980年的32%到2005年的60%。到了2010年,这一比例依然维持在60%。与此同时,中部地区所占制造业就业人数比例从1980—2005年来一直处于下降趋势,但到了2010年,这一比例有所上升。而其他四大区域的制造业的就业人数比例在2005年之前基本处于下降趋势,之后基本保持不变。这些数据显示,自1980年以来,中国制造业呈现向沿海地区集聚的趋势,但是这一趋势到2005年以后有了变化,沿海地区所占份额没有增加而中部地区的比例则有所上升。

作者进一步考察不同类型行业在空间布局上的变化。图4-2描述了1980—2010年间劳动密集型行业在不同地区间分布的变化。从就业人数比例来看,20世纪80年代劳动密集型行业主要集中在沿海地区,其比例约为1/3。在这之后,沿海地区劳动密集型行业所占比例逐年上升,到

---

① 劳动密集型产业包括饮料制造业(15)、纺织业(17)、纺织服装、鞋、帽制造业(18)、皮革、毛皮、羽毛(绒)及其制品业(19)、家具制造业(21)、造纸及纸制品业(22)、印刷业和记录媒介的复制(23)、文教体育用品制造业(24)、化学原料及化学制造品制造业(26)、化学纤维制造业(28)、橡胶制品业(29)、塑料制品业(30)、非金属矿物制品业(31)、黑色金属冶炼及压延加工业(32)、金属制品业(34)、通用设备制造业(35)、专用设备制造业(36)、交通运输设备制造业(37)、工艺品及其他制造业(43)。资源依赖性产业包括农副食品加工业(13)、食品制造业(14)、烟草制品业(16)、木材加工及木、竹、藤、棕、草制品业(20)、石油加工、炼焦及核燃料加工业(25)、有色金属冶炼及压延加工业(33);高科技产业包括医药制造业(27)、电气机械及器材制造业(39)、通信设备、计算机及其他电子设备制造业(40)和仪器仪表及文化、办公用机械制造业(41)。

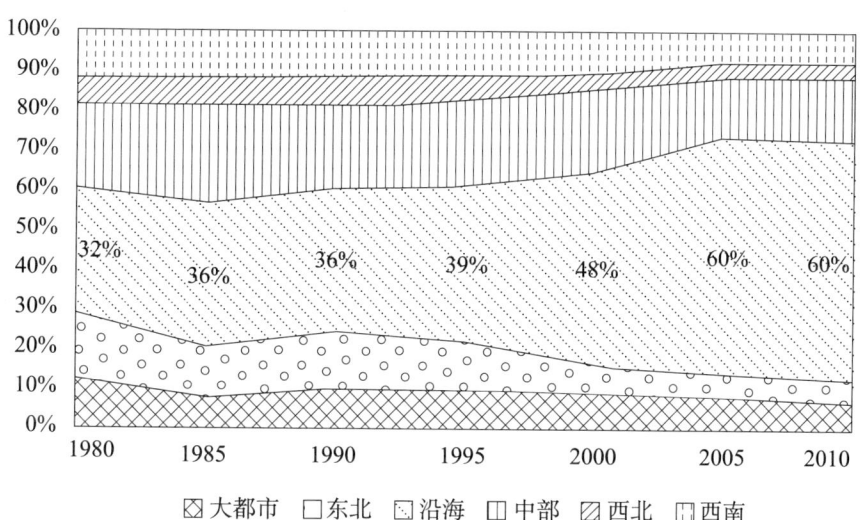

图 4-1 不同地区就业人数比例变化：所有制造业，1980—2010

注：图中数据由作者计算而得。

2005年这一比例已经达到60%。不过，2010年这一比例略有下降至59%。1980年以后，其他地区的劳动密集型行业所占比例基本呈现下降走势，但是2010年中部地区的劳动密集型行业比例有所上升。这说明了2005年以后部分劳动密集型行业正在经历由沿海向内地迁移的过程。

在图4-3中，作者描绘了资源依赖型行业在不同地区分布的变化趋势。数据显示，资源密集型行业在沿海地区的就业人数份额从1980年的33%增加到2005年的41%左右，且增加主要发生在1995—2000年间。到了2010年，这一比例下降到39%。而中部省占有的资源密集型行业的工业就业人数比例在80年代略有下降，而90年代之后一直呈现上升趋势。大都市地区、东北地区和西南地区的资源密集型行业的就业人数比例一直处于下降趋势。西北地区的资源密集型行业就业人数比例基本没有发生什么变化。

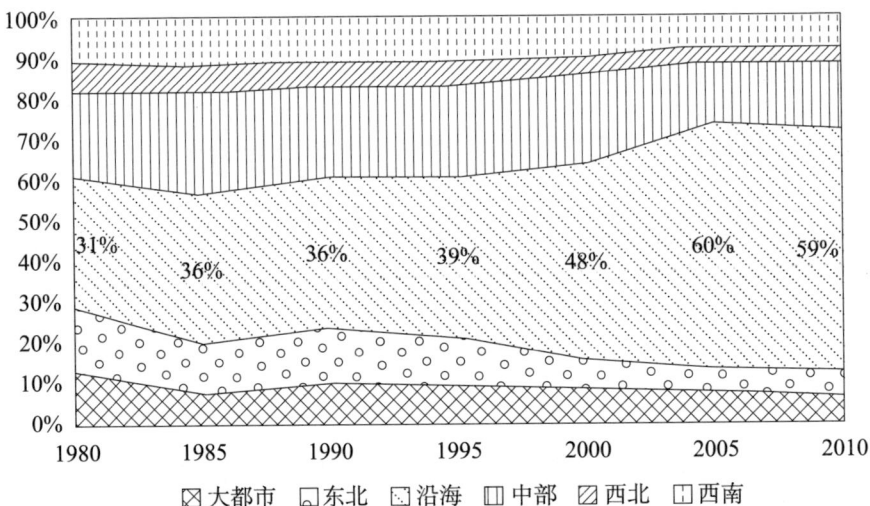

图 4-2　不同地区就业人数比例变化：劳动密集型制造业，1980—2010

注：图中数据由作者计算而得。

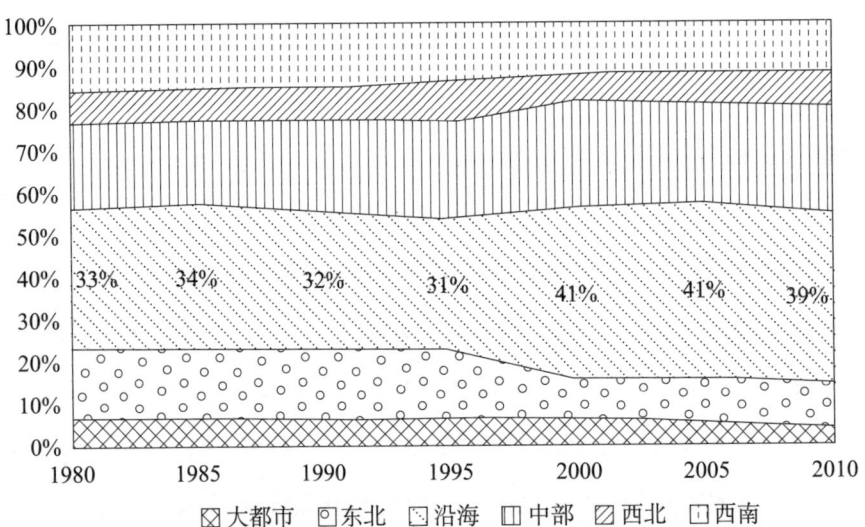

图 4-3　不同地区就业人数比例变化：资源依赖型制造业，1980—2010

注：图中数据由作者计算而得。

图4-4显示了各地区高科技行业所占就业人数比例的变化。很显然,高科技行业主要集中在沿海地区,而且这一集中趋势不断增强:1980年高科技行业在沿海地区的就业人数比例约为31%,而到了2010年,这一比例增加到72%。而其他地区的高科技行业所占就业人数比例呈现下降走势。

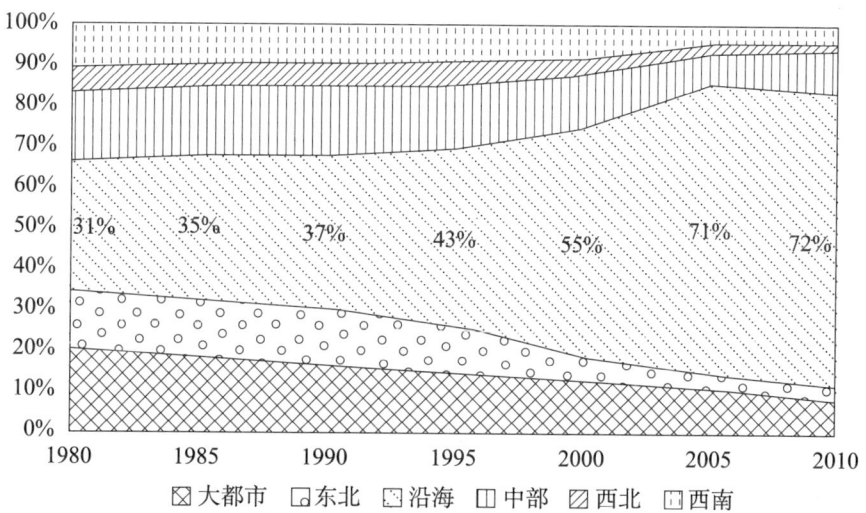

图4-4　不同地区就业人数比例变化:高科技制造业,1980—2010

注:图中数据由作者计算而得。

总结来说,随着改革开放和全球化进程的推进,20世纪80年代以来沿海地区利用其优越的政策条件和地理上接近世界市场的优势,不断吸引制造业企业进入,尤其是劳动密集型行业和高科技行业。到了2005年,沿海地区占全国劳动密集型行业的就业人数份额达到60%,而占全国高科技行业产出的比例达到71%。近年来,部分制造业有向内陆地区迁移的现象。数据显示,相比于2005年,2010年沿海地区的制造业占全国的就业人数份额下降了10%。就三大产业类型而言,沿海地区劳动密集型行业和资源依赖型行业的就业人数份额出现了下降,而高科技行业的份额继续上升至72%。数据显示,与沿海地区近年来制造业份额下降的趋势相比,中部地区省份的制造业就业人数份额略有上升,这部分说明中部地区省份是沿海地区产业转移的重要承接地。Bao et al. (2013)考察了1998年以来中国制造业企业的空间转移。他们的研究提供了制造业向沿海和内地转移的证据,并认为地区市场潜力是解释加入WTO后中国地区间不同行业就业人数比例增长差异的主要原因。Zheng et al. (2013)考察了中国工业产出的地理变迁,得出了类似的结论。根据上述图4-1到4-4,大都市地区的制造业一直呈下降趋势,与北京、天津和上海这些城市不断提高本身城市经济,致力于发展以第三产业为主导的产业结构有关系(Naughton, 2003)。

4.4 空间集聚过程的分解和地区间产业流动估算

4.4.1 空间集聚动态变化的分解框架

根据 Dumais et al. (2002)提出的空间集聚动态变化分解框架,作者介绍计算地区间不同行业产业流动估算的方法。

首先,某产业在某地区的份额的变化表示成:

$$\Delta x_{kit} = \hat{\alpha}_{kt} + \hat{\beta}_k (x_{kit} - x_{it}) + \hat{\gamma}_k \Delta x_{it} + \hat{\varepsilon}_{kit} \quad (4.1)$$

其中,x_{kit} 表示 t 年行业 k 在地区 i 中的份额,x_{it} 表示 t 年地区 i 所占的份额,$\hat{\alpha}_{kt}$、$\hat{\beta}_k$ 和 $\hat{\beta}_k$ 是回归系数,$\hat{\varepsilon}_{kit}$ 是回归的误差项。在这个回归式中,每个变量的均值为零,回归系数互相正交。因此,在 OLS 回归中,$\hat{\alpha}_{kt} = 0$,$\hat{\gamma}_k = 1$。

然后,利用式(4.1),作者分解单个产业集聚水平的变化:①

$$\begin{aligned}
G_{kt+1} - G_{kt} &= \sum_i (x_{kit+1} - x_{it+1})^2 - \sum_i (x_{kit} - x_{it})^2 \\
&= \sum_i [\hat{\beta}_{kt}(x_{kit} - x_{it}) + \hat{\gamma}_{kt}(x_{it+1} - x_{it}) + \hat{\varepsilon}_{kit} + x_{kit} - x_{it+1}]^2 - \\
&\quad \sum_i (x_{kit} - x_{it})^2 \\
&= \sum_i [\hat{\beta}_{kt}(x_{kit} - x_{it}) + (x_{it+1} - x_{it}) + \hat{\varepsilon}_{kit} + x_{kit} - x_{it+1}]^2 - \\
&\quad \sum_i (x_{kit} - x_{it})^2 \\
&= \sum_i (\hat{\beta}_{kt}^2 + 2\hat{\beta}_{kt})(x_{kit} - x_{it})^2 + \sum_i (\hat{\varepsilon}_{kit})^2 \\
&= (\hat{\beta}_{kt}^2 + 2\hat{\beta}_{kt}) G_{kt} + \sum_i (\hat{\varepsilon}_{kit})^2 \quad (4.2)
\end{aligned}$$

从等式(4.2)中看出,产业集聚的动态变化可以分解为两个过程之和:一个是 $(\hat{\beta}_{kt}^2 + 2\hat{\beta}_{kt}) G_{kt}$,称为均值回复(Mean reversion);另一个是 $\sum_i (\hat{\varepsilon}_{kit})^2$,称为离散(Dispersion)。其中,$(\hat{\beta}_{kt}^2 + 2\hat{\beta}_{kt}) G_{kt}$ 表示新兴产业中心成长和旧产业中心没落对产业集聚的影响,该值取决于 $\hat{\beta}_{kt}$ 的大小。$\hat{\beta}_{kt}$ 表示行业 k 占地区 i 份额的变化(Δx_{kit})和期初行业 k 占地区 i 的份额和地区 i 占全国份额差($x_{kit} - x_{it}$)的相关程度。一般来说,$\hat{\beta}_{kt} < 0$,表示均值回复存在,即行业 k 在原来比重比较高的产业中心增长缓慢甚至消退,而在原来份额比较低的地区经历更快增长。$\sum_i (\hat{\varepsilon}_{kit})^2$ 表示地区行业份额增长离散程度的总和,该值为正。举例来说,若原产业中心的

---

① 某行业的空间集聚计算公式为:$G_k = \sum_i (s_{ki} - s_i)^2$,其中 s_{ki} 是行业 k 地区 i 的份额,s_i 是地区 i 中所有行业份额的算术平均值,即 $s_i = \frac{1}{I} \sum_k s_{ki}$($I$ 是地区 i 所有行业数量)。该指数的取值范围在 0 和 1 之间。如果行业 k 在地区 i 的份额和该地区各行业平均份额相等,该指数为 0;如果行业 k 完全集中在地区 i,该指数接近 1。

重要性继续加强,或者,一些地区对新兴企业的吸引力比其他区域强,都导致该值的增加。一般来说,该值大小反映初始拥有相似份额地区的行业增长差异程度。根据Fuchs(1962),不同地区行业份额增长的离散程度之和可以解释为地区间产业流动程度。

根据上述分析,不同产业在地区间流动规模,可以从两个角度来讨论:一是新旧产业中心的更替,二是不同产业空间集聚程度的变化。

4.4.2 不同产业空间集聚动态变化的分解

作者利用中国省级二位码制造业行业数据分解20世纪80年代以来不同行业空间集聚的动态变化,并估算不同行业在地区间流动规模的变化趋势。数据来源和数据处理过程详见本书导论部分。

第一步,作者将数据分为六个时间段:1980—1985,1985—1990,1990—1995,1995—2000,2000—2005,以及2005—2010。假设 $\hat{\beta}_k$ 因时间和行业不同而不同,为此,作者将时间和行业哑变量引入估计方程。作者还考虑到 $\hat{\beta}_k$ 值还取决于不同行业的市场化程度。改革开放以前,出于国防安全需要,工业厂商的选址并非出于经济上的考虑,而是顾及国防安全的需要,因而大多数新工业项目选址在内地(Wen,2004)。改革开放以后,市场竞争机制被引入中国,国有企业主导的经济体逐渐被多样化所有制经济所代替,企业选址更多基于利润的动机。在这种情况下,内地很多企业尤其是轻工业企业在区域上重新定位,向沿海地区集聚。这一过程导致计划经济年代的制造业中心衰落。另一方面,中国的改革是一个渐进性过程。很多改革政策先从一部分地区和一部分部门展开,然后逐渐推向整个经济体。渐进式改革在制度监管不健全的状态下,很容易让地方政府为了本地区利益而采取非市场手段来发展经济。譬如,在 80 年代,这种地方政府扭曲行为集中表现为"地方保护主义"(Young,2000)。地方保护主义的存在会影响区域一体化进程,减少地区间贸易,其会强化均衡回复过程,即增大 $\hat{\beta}_k$ 值。因此,作者假设该 $\hat{\beta}_k$ 值还受到不同行业市场化程度的影响。根据 Bai et al. (2004),作者使用各行业非国有就业人数比例来衡量其市场化程度。

根据上述假设,基本估计方程构造如下:

$$\Delta x_{kit} = \alpha_{kt} + \beta_{kt}(x_{kit} - x_{it}) + \gamma_k \Delta x_{it} + \varepsilon_{kit} \quad (4.3)$$

其中,作者扩展 β_{kt} 如下:

$$\beta_{kt} = \rho_0 + \rho_1 SOE_{kt} + \rho_2 INDU + \rho_3 TIME \quad (4.4)$$

其中,INDU 表示行业哑变量,TIME 表示时间哑变量,SOE_{kt} 表示 t 期行业 k 的国有企业所占就业人数比例。

作者使用多元非线性参数估计方法(NL estimation)估计了方程(4.3),并计算了不同行业均值回复估计值($\hat{\beta}$)的值和不同年份 $\hat{\beta}$ 的平均值。表 4-1 报告了这一结果。根据表 4-1 中数据,一方面作者发现六个时间段里大多数制造业在不同地区的增长都表现出均值回复过程,即 $\hat{\beta}$ 表现为负值;另一方面,作者发现从时间趋势上来说,六个时间段中 1990—1995 年和 1995—2000 年两段时间的平均 $\hat{\beta}$ 值表现为正,其他时间段为负。这说明,在 1990—2000 年间很多制造业不断强化在现有产业中心的集聚,使其在不同地区的就业增长出现均值离散过程。这和 Fujita and Hu(2001)、Catin et al. (2005)以及上一小节作者计算的不同地区制造业就业人数份额变化中结果吻合,即在 1990—2000 年间,中国更多制造业行业聚集在沿海地区,且这一集聚得到不断加强。而在

2000—2005年和2005—2010年两个时间段里,β值又开始为负,且后一段的绝对值大于前一段,这也符合部分制造业开始经历由沿海向内地转移的事实。

表 4-1 不同行业均值回复(β):估计结果

行业代码	1980—1985	1985—1990	1990—1995	1995—2000	2000—2005	2005—2010
13	0.018	0.017	0.114	0.249	0.084	0.070
14	-0.075	-0.077	0.021	0.156	-0.010	-0.024
15	-0.068	-0.070	0.028	0.163	-0.003	-0.017
16	-0.048	-0.049	0.049	0.184	0.018	0.004
17	-0.050	-0.051	0.047	0.182	0.016	0.002
18	-0.150	-0.152	-0.054	0.081	-0.085	-0.099
19	-0.032	-0.033	0.064	0.199	0.034	0.020
20	-0.239	-0.240	-0.142	-0.007	-0.173	-0.187
21	-0.050	-0.051	0.047	0.182	0.016	0.002
22	-0.210	-0.211	-0.113	0.022	-0.144	-0.158
23	-0.028	-0.030	0.068	0.203	0.037	0.023
24	-0.023	-0.025	0.073	0.208	0.042	0.028
25	-0.240	-0.242	-0.144	-0.009	-0.174	-0.189
26	-0.056	-0.057	0.041	0.176	0.010	-0.004
27	0.013	0.011	0.109	0.244	0.078	0.064
28	-0.106	-0.107	-0.009	0.126	-0.040	-0.054
29	-0.129	-0.130	-0.032	0.103	-0.063	-0.077
30	0.035	0.034	0.132	0.267	0.101	0.087
31	-0.095	-0.097	0.001	0.136	-0.030	-0.044
32	-0.054	-0.055	0.042	0.177	0.012	-0.002
33	-0.340	-0.341	-0.243	-0.108	-0.274	-0.288
34	-0.055	-0.057	0.041	0.176	0.010	-0.004
35	0.001	0.000	0.098	0.233	0.067	0.053
36	-0.219	-0.221	-0.123	0.012	-0.154	-0.168
37	-0.070	-0.072	0.026	0.161	-0.005	-0.019
39	-0.031	-0.033	0.065	0.200	0.035	0.021
40	-0.010	-0.012	0.086	0.221	0.055	0.041
41	-0.158	-0.160	-0.062	0.073	-0.092	-0.106
42	-0.147	-0.149	-0.051	0.084	-0.082	-0.096
平均	-0.097	-0.099	0.007	0.141	-0.025	-0.039

注:表中不同行业不同年份的β值依据方程(4.3)估计结果计算而得。

第二步,根据上述估计结果,作者依据等式(4.2)来分解制造业空间集聚的动态变化。表4-2报告了不同时间段不同行业的产业空间集聚(均值)的平均变化及其分解过程。根据表4-2中的数据,作者分析如下:

表4-2 不同时期产业集聚程度变化的分解结果

时间段 (年份)	期初集聚 水平(均值)	产业集聚变化的分解(%)		
		集聚变化	均值回复 要素贡献	离散要素 贡献
1980—1985	0.013	-1.29	-18.44	17.15
1985—1990	0.013	6.62	-18.73	25.35
1990—1995	0.013	30.83	1.33	29.50
1995—2000	0.016	79.36	30.23	49.13
2000—2005	0.028	65.19	-4.87	70.06
2005—2010	0.037	11.85	-7.58	19.43

注:表中数据由作者计算而得。第二列是各阶段期初年份不同行业的空间集聚水平的平均值。第三、四和五列是产业集聚变化的分解,第三列表示不同阶段产业空间集聚程度变化的百分比,第四列和第五列值分别表示均值回复和离散要素对其贡献。第四列和第五列之和等于第三列值。

1980年到1985年间,制造业地理分布的集聚程度下降1.29%,其中均值回复使产业集聚程度下降18.44%,离散要素使其上升了17.15%。从绝对值上来看,这阶段产业集聚主要是由于制造业由旧产业中心向新产业中心流动引起。1985—1990年间,产业集聚程度上升了6.62%,其中均值回复使产业集聚程度下降18.73%,低于离散要素对产业集聚的贡献(25.35%)。和上一阶段相比,制造业在新旧产业中心之间流动的规模在下降,而新产业在沿海地区聚集的程度在上升。

1990年以后我国制造业空间集聚呈上升趋势,新兴制造业在沿海地区集聚成为这一阶段我国产业区际流动的主要特征:在1990—1995年和1995—2000年两个时间段里,都出现了均值分散(Mean diversion),而与此同时,离散要素作用大大增强,从而导致这阶段制造业空间集聚程度整体大幅上升:1990—1995年间,制造业空间集聚程度增加了30.83%,其中均值分散贡献了1.33%,而离散过程贡献了29.50%;1995—2000年间,制造业空间集聚增加了79.36%,均值分散贡献了30.23%,而离散过程贡献了49.13%。

2000年以后,数据显示不同制造业在地区间的均值回复过程重新出现,其绝对值也开始呈现增长趋势;与此同时,制造业离散过程的贡献呈现下降趋势,导致制造业空间集聚的变化率开始下降。2000—2005年,制造业空间集聚的变化率为65.19%,这主要由制造业在地区间增长的离散过程主导,其贡献了70.06%,而制造业由旧中心向新中心流动引起的均值回复过程使得产业集聚程度下降4.87%。在2005—2010年这一阶段,制造业空间集聚程度增长趋缓,仅提高了11.85%,其中新旧产业中心更替引起的产业流动贡献了-7.58%,离散要素过程贡献了19.43%,后者的贡献大大低于前面四个阶段的值。

最后,作者总结20世纪80年代以来制造业在不同地区间流动的特征。在改革开放初期,制造业在不同地区间的流动主要表现为新旧产业基地之间的轮替,而空间集聚变化导致的流动规模不大。到了90年代以后,沿海地区利用其政策和地理上的优势,不断吸引新兴行业的进入,使得这一时期内制造业在地区间的流动主要体现在产业空间集聚程度的不断增强,而且新旧中心更替导致的产业流动规模偏小。到了2005年以后,沿海地区对部分制造业的吸引力下降,其他地区则利用土地和劳动力成本低的优势获得不少制造业企业的青睐,成为新的产业中心。在这种情况下,新旧中心更替引致的制造业在不同地区间的流动规模开始上升,而制造业空间集聚引致的产业流动规模开始下降。

4.5 地区间产业流动和地区发展不均衡

在该节,作者分析产业在不同地区间流动和地区发展不均衡的关系。现有文献注意到产业空间集聚程度对我国地区经济发展的作用。陈仲常和张建升(2005)发现,我国轻重工业在东部地区集中分布与沿海地区经济增长存在正向相关关系。范剑勇(2006)研究了非农业人口就业密度是造成我国地区生产率差异的重要因素,证实了集聚程度在区域收入增长中具有关键作用。和他们的研究视角不同,这里主要分析产业在空间流动的两个过程如何影响不同地区的经济增长。具体来说,作者考察哪些地区从产业流动中获得收益,哪些地区因为产业流动受到了损失。为了验证这样的关系,作者构造方程如下:

$$\Delta OUTPUT_{kit} = \sigma + \tau \cdot MR_{kt} + \varphi \cdot \Delta G_{kt} + \omega_{kit} \quad (4.5)$$

其中,$\Delta OUTPUT_{kit}$ 表示行业 k 在地区 i 的工业总产出份额的变化,MR_{kt} 表示新旧产业中心更替引起的产业流动,ΔG_{kt} 是产业空间集聚带来的产业流动规模,ω_{kit} 是随机扰动项。在全样本估计中,作者考虑了地区哑变量和时间哑变量。

为了减少区域的哑变量,作者把样本中的省级区域合并为六大地区:大都市地区、东北地区、沿海地区、中部地区、西北地区和西南地区。在估计中,作者考虑六个时间段各个制造业产业在不同地区所占产出份额的变化:1980—1985、1985—1990、1990—1995、1995—2000、2000—2005 和 2005—2010。

表 4-3 中报告了 OLS 估计结果。依据该表,作者分别计算了新旧产业中心更替(MR_{kt})和产业空间集聚变化(ΔG_{kt})对不同地区不同阶段产出增长的影响系数(见表 4-4)。估计结果显示,总体而言,沿海地区是改革开放以来产业在不同地区流动的最大受益者。具体来说:

表 4-3 不同地区工业总产出增长:估计结果

	1980—1985	1985—1990	1990—1995	1995—2000	2000—2005	2005—2010
MR	-0.009*	-0.017***	0.014*	0.009	-0.006	-0.039***
	(0.005)	(0.006)	(0.009)	(0.010)	(0.014)	(0.011)
MR·R2	0.003	0.015*	-0.030**	-0.011	-0.006	0.025*
	(0.007)	(0.008)	(0.012)	(0.014)	(0.019)	(0.014)
MR·R3	0.020***	0.024***	-0.022**	-0.009	-0.001	0.051***
	(0.006)	(0.007)	(0.010)	(0.012)	(0.017)	(0.012)
MR·R4	0.013**	0.020***	-0.013	-0.011	0.008	0.049***
	(0.006)	(0.007)	(0.010)	(0.012)	(0.017)	(0.012)
MR·R5	0.005	0.015**	-0.002	-0.010	0.014	0.027**
	(0.006)	(0.007)	(0.010)	(0.022)	(0.017)	(0.013)
MR·R6	-0.0004	0.019**	-0.019*	-0.009	0.006	0.051***
	(0.006)	(0.008)	(0.011)	(0.013)	(0.018)	(0.013)
△G	-0.002	0.013*	-0.014*	-0.008	-0.0004	-0.005
	(0.006)	(0.009)	(0.008)	(0.008)	(0.014)	(0.008)
△G·R2	0.011	-0.013	0.019	-0.006	-0.001	0.009
	(0.008)	(0.009)	(0.012)	(0.010)	(0.020)	(0.012)
△G·R3	-0.001	-0.015*	0.032***	0.023***	0.021***	0.0007
	(0.007)	(0.008)	(0.010)	(0.009)	(0.007)	(0.010)
△G·R4	-0.0005	-0.016**	0.012	0.007	-0.009	0.011
	(0.007)	(0.008)	(0.010)	(0.009)	(0.017)	(0.010)
△G·R5	0.001	-0.011	0.003	0.006	-0.008	0.005
	(0.007)	(0.008)	(0.010)	(0.009)	(0.017)	(0.010)
△G·R6	0.011	-0.015*	0.016	0.006	-0.006	0.010
	(0.008)	(0.009)	(0.011)	(0.010)	(0.018)	(0.011)
Adj R^2	0.044	0.055	0.082	0.217	0.059	0.036
No. of Obs	805	808	810	806	797	790

注:MR 代表的是均值回复,$\triangle G$ 代表的是集聚变化,$R1$ 是大都市地区,$R2$ 是东北地区,$R3$ 是沿海地区,$R4$ 是中部地区,$R5$ 是西北地区,$R6$ 是西南地区。系数下面括号里的值为标准误。*、** 和 *** 分别表示在 10%、5% 和 1% 统计水平显著。

第一阶段(1980—1985):根据表4-4的结果,新旧产业中心更替引起的产业流动对大都市地区、东北地区、西北地区和西南地区的工业总产出的增长影响为负且对大都市地区的影响在10%统计水平上显著。其对沿海地区和中部地区的影响为正且在1%统计水平上显著。而产业空间集聚变化引起的产业流动对大都市地区、沿海地区、中部地区和西北地区的工业总产出增长为负,不过估计系数在统计水平上均不显著。估计结果说明在1980—1985年间,三个直辖市和内陆地区的产业开始外移,促使很多新的制造业中心开始建立在沿海地区和中部地区,从而促进了这些地区的工业产出的增长。尽管这一阶段产业空间集聚总体呈现下降趋势(见表4-2),估计结果没有显示出沿海地区和中部地区从产业空间集聚引起的产业流动中受益。

第二阶段(1985—1990):这一阶段,新旧产业中心更替带来的产业流动对各个地区工业产出增长的影响类似于第一阶段,即对沿海、中部地区和西南地区的工业总产出起正向作用,而对大都市地区和东北地区工业产出具有负面影响。而1985—1990年间从产业空间集聚变化引起的产业流动中获益的地区包括大都市地区和西北地区,其他地区则受损。作者猜测这阶段新旧中心更替带来的产业流动有可能受到地方保护主义等影响,这也使得部分计划经济年代的制造业中心获益,如西南地区。

第三阶段(1990—1995):和上面两个阶段不同,90年代以后新旧产业中心轮换带来的产业流动对沿海地区、西南地区和东北地区的工业产出增长的影响为负且对前两者的影响系数在5%统计水平上显著,而对大都市地区、中部地区和西北地区的影响为正,且对大都市地区的影响系数在10%统计水平上显著。而这阶段产业空间集聚带来的产业流动对大都市地区、中部地区和西北地区的影响为负,且前者的系数在10%统计水平上显著,而对沿海地区、东北地区和西南地区的影响为正,且对沿海地区的影响系数在1%统计水平上显著。估计结果表明,这阶段很多新兴产业开始集聚沿海地区。

第四阶段(1995—2000):这一阶段结果显示,新旧产业中心更替引起的产业流动对大都市地区、沿海地区和西南地区的工业总产出的影响为正但影响系数在统计水平上不显著。而产业空间集聚变化引起的产业流动对沿海地区的工业产出具有显著性的正影响。这充分说明,沿海地区凭借地理优势和改革开放以来累积的产业集聚经济吸引到更多新兴产业的进入,形成自我集聚的强化。

第五阶段(2000—2005):根据估计结果,2000年以后,新旧产业中心交替带来的产业流动对各个地区的工业产出的影响系数在统计水平上均不显著,而产业空间集聚变化导致的产业流动依旧只有对沿海地区工业产出具有正且在1%统计上显著的影响。这说明,沿海地区制造业自我集聚的趋势还在继续。

第六阶段(2005—2010):在这一阶段,新旧产业中心更替引起的产业流动对大都市地区、东北地区和西北地区的工业总产出变化具有负向影响,且影响系数在1%统计水平上显著;而其对沿海地区、中部地区和西南地区的工业总产出变化具有正的且1%统计水平上显著的影响。而产业空间集聚带来的产业流动对大都市地区、沿海地区的工业总产出变化具有负的影响,而对其他地区具有正的影响。这些影响虽然统计上不显著,但从经济意义上来说其表明大都市和沿海地区对新兴产业的吸引力在下降,而其他地区的吸引力在增强。这和文献中发现的关于部分制造业经历由沿海迁往内地的事实相吻合(Bao et al.,2013;Zheng et al.,2013)。

表 4-4 地区间产业流动和不同地区工业总产出增长

	大都市地区 (R1)		东北地区 (R2)		沿海地区 (R3)		中部地区 (R4)		西北地区 (R5)		西南地区 (R6)	
	MR	ΔG	MR	ΔG	MR	ΔG	MR	ΔG	MR	ΔG	MR	ΔG
1980—1985	−0.009	−0.002	−0.006	0.008	**0.011**	−0.003	**0.005**	−0.003	−0.003	−0.001	−0.009	0.009
1985—1990	**−0.017**	**0.013**	**−0.002**	−0.001	**0.007**	−0.002	**0.003**	**−0.004**	**−0.003**	0.002	**0.002**	**−0.003**
1990—1995	**0.014**	**−0.014**	**−0.016**	0.004	**−0.008**	**0.017**	0.001	−0.003	0.012	−0.011	**−0.005**	0.002
1995—2000	0.009	−0.008	−0.002	−0.014	0.000	**0.015**	−0.002	−0.001	−0.001	−0.002	0.000	−0.002
2000—2005	−0.006	−0.000	0.001	−0.001	−0.007	**0.020**	0.003	−0.009	0.008	−0.008	0.001	−0.006
2005—2010	**−0.039**	−0.005	**−0.014**	0.004	**0.012**	−0.005	**0.010**	0.006	**−0.011**	0.000	**0.012**	0.005

注：表中影响系数是作者基于回归结果计算而得。字体加粗的数值，表示估计系数在统计水平上显著。

4.6 结论

地区发展不平衡是中国经济增长研究的重要内容。在综述已有关于地区发展差异文献的基础上,本章从产业空间流动的角度阐述了20世纪80年代地区间经济发展的动态变化。利用中国省级二位码制造业行业数据,作者首先描述了过去三十多年不同地区所占制造业就业人数比例的变迁。数据显示,在1980—2005年间,中国的制造业主要集中在沿海省份,且呈不断上升趋势,但到了2010年,这一上升趋势有所减缓。就产业类型来说,沿海地区所占劳动密集型行业和资源依赖型行业的工业产出比例在经历前25年的增加后,从2005年开始下降,而沿海地区的高科技行业的产出比例一直上升,远远超出其他地区比例的总和。

接着,作者分解了产业空间集聚动态变化成两个过程,即新旧产业中心的更替和产业在不同地区间增长的离散程度。产业在不同地区间增长的离散程度的加总反映了产业的区际流动规模。作者发现,在经济改革初期,沿海地区凭着优惠的政策和地理优势,吸引很多制造业企业进入,取代计划经济年代的制造业中心,成为很多行业的新的产业中心,带来了不同行业在地区间增长的均值回复效应,导致产业空间集聚的缓慢下降。到了90年代,沿海地区集聚制造业的优势不断强化,使得不同行业在地区间增长的离散过程成为这阶段产业空间集聚水平不断提高的主要力量。到了2000年,随着部分制造业基于成本节约的考虑,开始在沿海地区以外的省份选址,新旧产业中心更替导致的产业在不同地区增长的均值回复过程重新出现,且效应的作用开始逐渐增强,导致产业空间集聚的增长趋势变缓。

根据上述分析,作者考察了与地区间产业流动相关的两个过程,即新旧产业中心更替和空间集聚的动态变化对不同地区工业增长的影响。研究结果显示,无论是新旧产业中心交替带来的产业流动,还是空间集聚变化导致的产业流动,都对沿海省份的产业增长起正向作用。换句话说,沿海地区是产业区际流动的最大受益者。在20世纪的80、90年代,利用原有的工业基础和地理优势以及政策优惠,沿海地区的省份吸引计划经济年代的旧产业中心企业的迁入,并不断吸收新兴产业的进入,成为新的制造业中心。到了90年代以后,沿海地区产业集聚经济开始出现,产业中心的优势不断加强。该章的研究结果表明,2005年以后,随着沿海地区生产成本的上升,临近沿海省份的内陆省份开始逐渐受到工业企业的青睐,内陆地区尤其是中部省份开始从产业流动中受益。

本章的研究具有重要的文献价值和政策意义。一方面,不同阶段不同行业在空间定位的变化印证了经济学理论中的不同假说。譬如说,90年代以来通过自身累积的集聚效应,不断吸引其他地区新产业的进入,与内地形成如新经济地理学说描述的"中心—外围"结构,而2005年以后发现的制造业产业由沿海迁移内地的证据,则符合产业生命周期理论的假说。另一方面,产业空间定位的变迁揭示了一些制度性障碍对不同地区工业增长的影响。譬如,作者发现1980—1985年间西南地区从新旧产业中心更替带来的产业流动中获益,可能与当时出现的地方保护主义行为有关。

第五章

地方集聚环境和新生企业活动空间分布

5.1 引言

新生企业活动空间分布不均衡是近年来中国经济发展重要的空间特征之一。据全国工商联 2009 年的数据,中国民营企业 500 强中近 80% 集中在东部沿海省份。到底是什么因素导致不同地区新生企业活动的差异呢?本章考察了不同地区的产业集聚程度对本地新生企业活动的影响。

已有的经济学文献揭示了地区经济集聚环境激发本地新生企业活动的机制。Marshall(1920)提出经济集聚产生的三个基本来源:(1)消费者和中间供应商的可进入性;(2)劳动力市场共享;(3)知识溢出。已有文献发现新生企业愿意在经济集聚程度较高的地方选址以获取集聚经济。Glaeser and Kerr(2009)利用美国经济普查局的企业数据,发现供应商和需求者关联(Supplier and demander linkage)、劳动力市场共享(Labor market pooling)和专业化程度高的小供应商的密集(Concentration of small specialized suppliers)对新生企业活动的产生具有积极作用。Ghani et al.(2011)发现,上述地方经济集聚也是印度近年来制造业和服务业的新生企业活动空间分布的重要决定因素。

除了经济集聚因素外,新生企业选址还容易受到地方制度性力量的影响。在中国,新生企业活动与经济集聚效应的关系可能受到本地所有制结构(国有企业所占比重)的影响。长久以来,地方政府重视国有企业的发展有两个原因:一是国有企业是地方政府重要的财税来源(Bai et al.,2004);二是国有企业承担地方就业和社会稳定的任务(Yueh,2011)。但是,国有企业效率低下、机制僵硬且与地方政府之间有密切关系,国有企业若在经济中占的比重过高,会直接影响地区的市场竞争环境,也会影响非国有企业的区位选址产业。譬如说,Bai et al.(2004)发现国有企业占比高的产业的空间集聚程度比较低。张俊妮和陈玉宇(2006)发现,地方国有企业比重对当地外商投资的吸引力具有显著负影响。He and Wang(2012)发现,国有企业在空间上的布局趋于分散,不易形成集聚经济。在本章里,作者将验证地方经济集聚效应激发新生企业活动的作用是否取决于本地国有经济所占比重,即本地所有制结构。

利用1999—2008年间中国制造业企业数据,作者一方面刻画了近十年来中国新生企业活动在地理上的分布;另一方面,通过计量模型,作者验证国有经济比重、地方集聚环境和新生企业活动空间分布的关系。作者发现,经济集聚越强的地区,新生企业活动越活跃;而地区的国有企业比重高对本地区的新生企业活动数量具有显著负影响。作者还发现,所有制结构削弱地方经济集聚对新生企业活动的激发作用。本章的发现证实了所有制改革对促进本地经济增长的重要性,也强调了"缩减国有企业规模"(World Bank,2012)政策的意义。

本章其他部分安排如下:第二节讨论了衡量新生企业活动的指标,

并刻画了新生企业活动在空间分布上的特征;第三节讨论了影响新生企业活动产生的基本理论及假设;第四节介绍了本章的实证模型;第五节分析了实证估计结果;最后是结论。

5.2 新生企业活动的度量和地区分布

新生企业活动对地区经济增长十分重要(Grossman and Helpman,1991;Davis et al.,1996;Haltiwanger et al.,2010;Glaeser et al.,2010)。但是,已有文献没有形成关于新生企业创业活动的统一定义。Evans and Jovanovic(1989)、Blanchflower and Oswald(1998)等使用自我雇用率(Self-employment rate)来定义新生企业活动。发达国家的家庭和人口普查中经常涉及自我雇用的问题,因此比较容易获取计算该指标的数据。在本章中,作者不采取这一指标来计算新生企业活动,基于以下两点考虑:一方面,自我雇用大多发生在一些中小企业,这些企业在提高就业机会和经济增长上的重要性较低;另一方面,在中国没有关于企业自我雇用的调查数据。在本章里,作者依据企业成立年份来统计不同地区的新生企业活动。由于国有企业的所有权属于地方或者中央政府,其选址并不完全依据市场机制来决定,这里作者只考虑新生非国有企业样本。

中国国家统计局工业企业数据库提供了1998—2008年所有国有企业和年销售额超过500万元的非国有企业的信息(见第一章导论部分关于数据的来源和处理方法)。作者根据企业注册年份和资本结构信息来识别当年新生的非国有企业。① 但是,在该数据库里,企业如果经历重组、合并或者收购,也被认为是新生企业。② 作者利用 Brandt et al. (2012)提供的方法,通过追踪企业的名称、产业、地址等方式,排除了通过改制或者重新组合的方式而被认定为新生企业的样本,最终得到每年不同地区、不同产业中新生非国有企业的样本。在本章里,作者考虑 1999—2008 年非国有企业创业活动在地区间的分布。③

图 5-1 刻画了 1999—2008 年间规模以上新生非国有制造业企业数量的变动情况。总体而言,我国新生非国有制造业企业数量呈稳步上升趋势:相对于 1999 年,2008 年新生非国有制造业企业的总数增加了 4 倍多,2004 年企业数量比较多,原因是该年统计了经济普查的数据,涵盖的企业样本比较多;就地区而言,数据显示新生非国有制造业企业活动的空间分布很不均匀。图 5-2 展示了 1999—2008 年间我国不同地区规模以上新生非国有制造业企业数量的中位数。数据表明,我国规模以上新生非国有制造业企业集中分布在山东、江苏、浙江和广东等省份,其中山东、江苏、浙江三省每年新生企业超过 2 000 家;而青海、宁夏、海南等省份的规模以上新生非国有制造业企业数量相当少,每年新生非有国制造业企业总数低于 50 家。

---

① 由于国家统计局工业企业数据库只提供每年不同地区年销售额 500 万元以上的非国有企业,因此,新生企业样本不包括当年新生且规模较小的民营企业样本。这是本文的局限。
② 在工业企业数据库里,每一个新生的企业被赋予一个不同其他企业的 ID。当企业经历重组、兼并或收购后,会被赋予一个新 ID。
③ 作者不考虑 1998 年的样本是因为工业企业数据库中缺失该年度吉林和甘肃两省的样本信息。

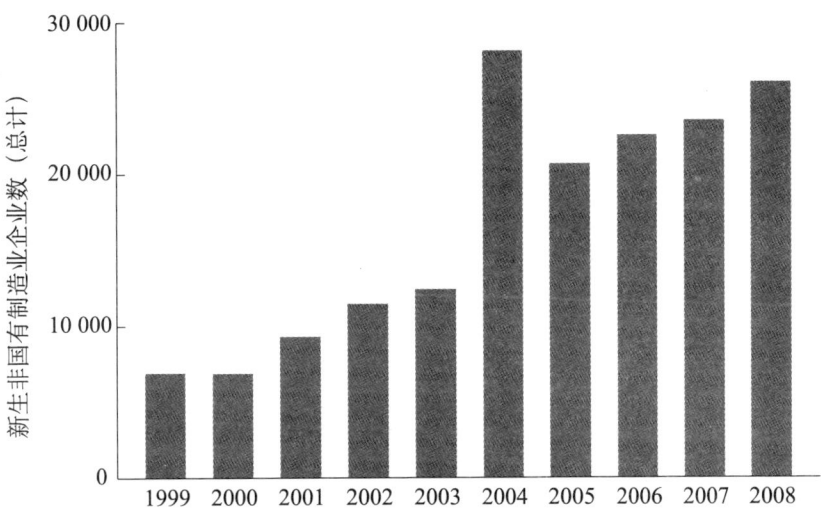

图 5-1　规模以上新生非国有制造业企业数量变动趋势：1999—2008

注：数据由作者计算整理。数据来源：中国工业企业数据库。

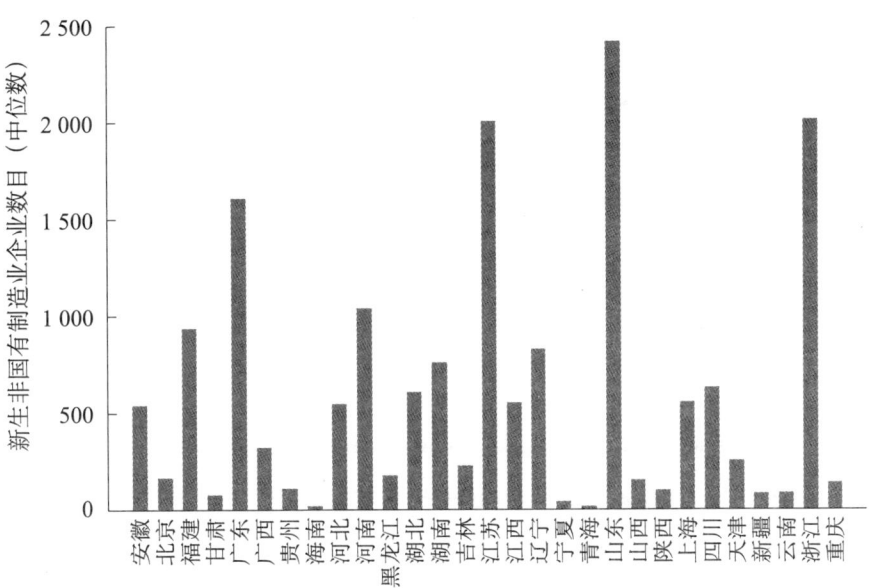

图 5-2　规模以上新生非国有制造业企业数量的地区分布：1999—2008

注：数据由作者计算整理。数据来源：中国工业企业数据库。

5.3 企业创业活动的产生：理论和假设

5.3.1 经济集聚因素

城市经济学文献提供了经济集聚激发企业创业活动的基本机制。根据 Marshall(1920)，经济集聚有三个基本来源：(1)消费者和中间供应商的可进入性；(2)劳动力市场共享；(3)知识溢出。一般而言，企业距离最终消费者和供应商近可以节省运输成本，从而提高生产率水平。因此，企业愿意在靠近最终消费者和供应商的地方选址以实现规模经济，进而形成地理上的集聚(Fujita et al.,1999)。当最终消费者和中间供应商不处于同一地理空间时，不同类型企业会有不同的选址指向。对原料或者中间投入品依赖度较高的企业来说，其愿意设在中间供应商比较集中的区域，以减少运输成本。而对于产品运输成本较高的企业来说，其更愿意在接近消费市场的地区选址。另外，企业选择接近最终消费者和供应商，除了降低运输成本外，还易于获得产品使用和设计信息，从而更有利于创新(Porter,1990)。因此作者得出假设1：

假设1 最终消费者和中间供应商关联程度越高的地区容易衍生不同造业的新生企业活动。

根据经济集聚理论，企业愿意在劳动力池比较大的地区选址。这里主要有两个原因：一是劳动力池大可以节省工人和企业彼此间的搜寻成本，提高工人和企业匹配的成功率(Helsley and Strange,1990)；二是劳动力池大可以降低工人失业和企业找不到工人的风险，从而能够帮助工人和企业抵御一些意外冲击(Krugman,1991b)。因此，作者提出关于新生企业选址的假设2：

假设2 劳动力市场共享程度比较高的地区容易激发不同行业的新生企业活动。

经济集聚影响地方创业活动的第三个机制是知识溢出。一方面，在知识溢出程度比较高的地区，不同企业和工人通过正式或者非正式的互动分享知识和技能来获得生产外部性，从而提高了生产率。一些实证研究表明，知识和技能分享在高科技企业的产生和发展中起着非常重要的作用（Jaffe et al.，1993）。另一方面，知识溢出程度比较高的地区能够提高吸收新技术的速度，从而提高生产率水平（Griliches，1958）。所以，作者提出新生企业产生的假设3：

假设3 在知识外溢程度比较高的地区，不同行业的新生企业活动比较活跃。

5.3.2 所有制结构

在中国特殊的制度背景下，新生企业活动机制受到不同地区所有制结构的影响。文献表明，在一些战略性或者支柱性行业中，国有企业占据主导地位，且与地方政府建立起非常强的裙带关系（Owen and Zheng，2007）。这种裙带关系通过设立各种非市场性障碍来限制非国有企业的进入。譬如在融资方面，非国有资本没有办法享受到国有企业的同等待遇，通常面临一系列的借贷约束（Ferri and Liu，2009），缺乏成立新生企业的激励。所以，作者提出假设4：

假设4 在国有企业比重较高的地区，不同行业的新生企业活动较少。

除了直接设立进入障碍外，国有企业比重高，还会制约当地集聚经济的形成,从而抑制创业活动的产生。首先,当国有企业比重比较高时,行业和地区往往被几个规模较大的企业所主导,这些企业内部形成较为独立且垂直的生产分工体系,较少依赖外部独立的中间供应商。在这种情况下,新生企业很难在这些行业和地区出现。Porter(1979)认为,市场竞争程度取决于最终产出或者中间投入能否形成生产垂直联系,即前向和后向联系(Forward and backward linkage)。这种垂直联系程度越高,产业的分工细分程度越高,垄断越难形成;但中间供应和销售渠道被几个大企业绝对控制时,新生企业就很难进入该产业和地区(He and Wang, 2012)。其次,国有企业往往享有一些特权,且受到地方政府的政策保护,国企占比高会削弱劳动力市场共享的外部性。有研究表明,国有企业具有更好的外部环境,获得了更多经济资源和政策优惠,因此有能力支付高工资(陆正飞等,2012)。因此,当其占比较高时,新生企业很难参与对现有和潜在劳动力的竞争。清华大学"中国大学生学习与发展"系列调研课题组(2012)发现,6成以上的大学生愿意去政府和国有企业工作,表明国有企业占比过高会抑制地方劳动力市场共享带来的外部性。最后,当国有企业占主导时,行业和地区内的知识外溢会受到很大限制,从而抑制新生企业的出现。国有企业和政府主导的技术创新体系至少有两个劣势:一是缺乏研发新技术的激励,二是孤立在全球R&D创新网络之外。这些劣势阻碍了更广泛范围内的技术创新和传播,包括新的研发企业的产生、技术落后企业的淘汰等(World Bank, 2012)。归纳上述论述,作者得出假设5:

假设5 国有企业比重高会削弱地区最终消费者关联或者中间供应商关联、劳动力市场共享和知识溢出等带来的外部经济,从而抑制不同行业的新生企业活动。

5.3.3 其他因素

除了经济集聚和制度因素外,作者还考虑了影响新生企业活动的其他地区因素。地区的人口因素会影响新生企业活动。这有两个原因:一是一部分新生企业创业者从当地人口中产生,所以人口越多的地区孕育出新生创业者的可能性越大;二是本地人口为新生企业创业者提供基本劳动力来源。当地人口规模越大,企业越有可能雇用到中意的员工,从而激发新生创业者的出现。Glaeser and Kerr(2009)发现当地人口因素可以部分解释美国不同地区新生企业创业活动的差异。

本地区对外开放程度和交通密度也是影响新生企业出现的重要因素。地区的对外开放程度高和交通设施网络发达,可以减少企业的贸易和运输成本,从而激励新生企业的出现。Glaeser et al.(2010)建立了基于城市经济学理论的模型来阐述企业创业活动产生的机制。根据他们的理论,在开放城市中,市场需求的扩大会带来更多新生企业的出现。Aghion et al.(2008)运用理论模型解释了新生企业非常依赖当地基础设施条件(如交通、电力等)这一现象。

另外,实证中我们还控制了地区固定效应、行业特征和时间特征。

5.4 数据和估计模型

5.4.1 核心解释变量和控制变量

在本节,作者描述用于检验上述假设的各解释变量和控制变量。

首先,作者讨论最终消费者关联和中间供应商关联两个指标。参照 Glaeser and Kerr(2009),作者定义 $Input_{k \leftarrow j}$ 为 k 行业的投入品中来自 j 行业的份额,$Output_{k \rightarrow j}$ 表示 k 行业的产出作为 j 行业投入的比例,两者的取值均在 0 到 1 之间。利用这两个指数,作者构造中间供应商关联(ILINKS)和最终消费者关联(OLINKS)指标。因此,i 地区 j 行业的中间供应商关联指数表示为:

$$ILINKS_{ik} = - \sum_{j=1,\cdots,K} \left| Input_{k \leftarrow j} - \frac{E_{ij}}{E_i} \right| \qquad (5.1)$$

其中,I 代表行业数目,E_{ij} 表示 i 地区 j 行业的就业人数,E_i 表示 i 地区总就业人数。该指数表达为 j 行业所需要的来自本地区其他行业投入品比例和这些行业所占本地区就业人数比例之差的绝对值的加总。中间供应商指数的基本假设是企业各投入品间不可相互替代。其定义为负,表示投入系数的取值与地区投入品关联度的强度正相关。该指数取值变化范围在 -2 至 0 之间,取值越小(越接近 -2)表示 i 地区内其他行业为 k 产业提供的中间投入品越少,反之则 i 地区内其他行业为 k 产业提供的中间投入品越多。根据前述理论,当地中间供应商关联程度对新生企业产生具有正影响。

最终消费者关联指数定义为:

$$OLINKS_{ik} = \left[\sum_{j=1,\cdots,I} Output_{k \rightarrow j} \frac{E_{ij}}{E_j} \right] \cdot \left[\sum_{j=1,\cdots,I} Output_{\cdot \rightarrow j} \frac{E_{ij}}{E_j} \right]^{-1} \qquad (5.2)$$

其中,E_j 表示 j 行业的就业人数总和,$Output_{\cdot \rightarrow j}$ 表示各行业的产出作为 j 行业投入品的份额之和。第一个方括号是 j 行业的最终产品作为 k 行业中间投入品的比例和 j 行业的就业人数比例之乘积的加总,表示 i 地区 j

行业有多少最终产出为当地其他行业所消费。考虑地区规模的异质性，作者将这个指数除以 i 地区所有行业的最终产出被当地行业所消费的总和（第二个方括号），从而标准化最终产出关联程度指数，使其在 0 和 1 之间。最终消费者关联指数越高，说明本地区内有更多对本行业产品有需求的消费者。因此最终消费者关联程度越高，当地新生企业活动越活跃。

利用《2002 年全国制造业投入产出流量表》，作者分别计算二位码行业的 $Input_{k \leftarrow j}$ 和 $Output_{k \leftarrow j}$。前者的计算方法类似于投入产出表的直接消耗系数，即用 j 行业投入到 k 行业的流量除以 k 行业投入品总量；后者则表示为 k 行业产出品投入到 j 行业的流量除以其产出总量（k 行业的产出品作为 j 行业的投入品）。由于投入产出流量表通常不是关于对角线对称的，因此一般情况下 $Input_{k \leftarrow j}$ 不等于 $Output_{k \leftarrow j}$。用于计算消费者关联和中间供应商关联的就业数据来自于 1999—2008 年间中国工业企业数据库。

接着，作者考虑构造劳动力市场共享指数，来验证假设 2。该指数如下：

$$LABS_{ik} = \sum_{j=1,\cdots,I} \left| Labor_{kj} \frac{E_{ij}}{E_i} \right| \tag{5.3}$$

其中，$Labor_{kj}$ 表示 k 行业与其他行业的劳动力在空间上的相关程度（Porter, 2003）。劳动力市场共享指数 $LABS_{ik}$ 表示为 $Labor_{kj}$ 与相应行业在 i 地区就业人数比例的乘积的绝对值的加总，该指数表示 k 行业与 i 地区其他行业劳动力的共享程度。① 对应第二个假设，劳动力市场共享程度

---

① 根据理论，劳动力共享机制只存在于有相似劳动力需求的企业之间，作者将两两行业之间的负相关系数定义为 0。

越高,本地新生企业活动越活跃。

作者利用中国工业企业数据库中的就业数据,首先计算不同行业在不同地区的劳动力空间相关系数 $Labor_{kj}$,然后再测算行业在不同地区的劳动力市场共享指数。

其次,作者考虑反映本地集聚经济的第三个变量,即知识溢出程度(KNOWS)。根据 Griliches(1958)和 Jaffe et al.(1993),作者利用当地专利申请指标来刻画地区内知识交流和技术传播的程度。利用《新中国六十年统计资料汇编》的数据,作者计算了各省每万人专利申报数量,并用此来表示地区的知识溢出。根据假设4,地区知识溢出程度越高,新生企业活动越活跃。

再次,为了检验假设4和5,作者需要构造测算地方所有制结构的指标。类似于 Bai et al.(2004)和张俊妮和陈玉宇(2006),作者利用国有企业就业人数比重来表示地方所有制结构。首先作者考虑不同行业的国有企业就业人数比重(RISOE)对本地区本行业的新生企业活动的影响;在稳健性检验部分,作者考虑各省其他行业的平均国有企业就业人数比重(ROSOE)对本地区本行业的新生企业活动的影响。根据前面理论部分的分析,国有企业比重过高会削弱当地经济集聚效应,因而不利于新生企业的出现。这里,作者提取1999—2009年间中国工业企业数据库中的国有企业及其就业人数,然后累计加总到行业层面来测算不同行业在不同地区的国有企业比重。

最后,作者考虑一组控制变量。地区人口(POP)采用各省市常住人口来测算。地区开放度(OPEN)利用地区出口额和GDP之比来计算。关于地区道路交通分布密度(TRANDEN),作者先计算各区域内公路和铁路的总长度,然后计算公路货物运输和铁路货物运输的比例,并以此为权重计算加权后交通线路的总长度,最后将总长度除以区域的面积,求得道路交通分布密度。① 教育水平(EDU)采用各地区每千人中在校大学生的人数来测算。上述指标的数据全部来自于《新中国六十年统计资料汇编》,汇率数据来自于《中国统计年鉴》各年份。

表5-1报告了各主要解释变量的统计性特征。不难看出,各统计变量的样本间差异较大。国有企业就业人数所占比重在地区间的差异尤其明显。以本地区本行业国有企业就业人数比重(RISOE)为例,最大值为99.3%,最小值为0.1%,这为检验本文的理论假设提供了实证基础。

表5-1 各变量的统计特征

变 量	统计平均数(Mean)	标准差(Std. Dev)	最小值(MIN)	最大值(MAX)
集聚经济因素				
中间供应商关联(ILINKS)	-1.299	0.200	-1.745	-0.576
最终消费者关联(OLINKS)	0.035	0.015	0.002	0.152
劳动力市场共享(LABS)	0.717	0.179	0.000 02	0.969
知识溢出(KNOWS)	1.550	2.163	0.129	13.176
地区制度因素				
本地区本行业国有企业就业人数比重(RISOE)	0.340	0.265	0.001	0.993
本地区其他行业平均国有企业就业人数比重(ROSOE)	0.422	0.228	0.008	0.917
地区经济、社会特征				
地区人口(POP)	1 844.389	1 136.323	135.200	6 048.033

---

① 交通设施网络密度公式为: $TRANDEN_i = (a_i^1 Ro_i + a_i^2 Ra_i)/AREA_i$, 其中 Ro_i 和 Ra_i 分别是 i 地区的公路和铁路的总长度。a_i^1 和 a_i^2 分别表示货物运输中公路运输的比例和铁路运输的比例,且 $a_i^1 + a_i^2 = 1$, $AREA_i$ 为 i 地区的面积。

续表

变量	统计平均数(Mean)	标准差(Std. Dev)	最小值(MIN)	最大值(MAX)
开放度(OPEN)	0.033	0.028	0.001	0.146
道路交通分布密度(TRANDEN)	0.544	0.358	0.021	1.854
教育水平(EDU)	110.992	72.517	14.406	350.855

注：表中数据由作者计算整理。

5.4.2 计量模型

基本实证方程构造如下：

$$\ln(ENTRY_t^{ik}) = \rho_i + \eta_k + \theta_t + \alpha\ln(ENTRY_{t-1}^{ik}) + \beta'AGGER_{t-1}^{ik} + \gamma'INST_{t-1}^{ik} + \delta' X_{t-1}^{ik} + \varepsilon_t^{ik} \tag{5.4}$$

为了检验假设5，即地方所有制结构如何限制经济集聚对企业创业活动正面影响，作者引入两种因素的交互。扩展模型如下：

$$\ln(ENTRY_t^{ik}) = \rho_i + \eta_k + \theta_t + \alpha\ln(ENTRY_{t-1}^{ik}) + \beta'AGGER_{t-1}^{ik} + \gamma'INST_{t-1}^{ik} + \varphi'(AGGER_{c,t-1}^{ik} \cdot INST_{t-1}^{ik}) + \delta' X_{t-1}^{ik} + \varepsilon_t^{ik} \tag{5.5}$$

上述两式中，i 表示地区，k 表示行业，t 表示年份。$ENTRY_t^{ik}$ 为被解释变量，表示 i 地区 k 行业 t 年新生企业数量。$ENTRY_{t-1}^{ik}$ 表示被解释变量滞后一期项。$AGGER$ 是一组表示经济集聚的变量，包括中间供应商关联(OLINKS)和最终消费者关联(ILINKS)、劳动力市场共享(LABS)和知识溢出(KNOWS)。c 表示集聚经济变量，$c = 1,\cdots 4$。$INST$ 表示所有制结构，包括本地区本行业国有企业就业人数比重(RISOE)或者本地区其他行业国有企业就业人数比重(ROSOE)。X 表示其他地区特征。ρ、η 和 θ 分别表示地区、行业和时间固定效应，ε 表示残差项。

通过对1999—2008年间企业数据加总，作者得到不同省份二位码行业的加总数据。尽管引入了滞后变量 $ENTRY_{t-1}^{ik}$ 作为部分遗漏变量的代理变量，作者还是无法使用OLS和面板固定效应来估计，原因是该动态方程前定变量和一些内生变量与残差项存在潜在相关性，这会使得OLS的估计结果上偏，和固定效应模型的估计结果下偏。如果时间跨度较短，这种偏误问题更严重。考虑到这里使用的是动态面板模型，作者使用系统GMM方法来估计方程（Arellano and Bond，1991；Arellano and Bover，1995；Blundell and Bond，1998）。该方法有助于克服以下问题：(1)经济集聚变量、国有企业比重等引起的潜在内生性问题；(2)能够解决 $ENTRY_{t-1}^{ik}$ 与残差项相关引起的测量误差问题；(3)固定效应与解释变量相关问题；(4)有限样本问题。系统GMM方法除了假设水平的滞后值外生于一阶差分外，还假设工具变量的差分独立于个体效应，从而可以用作水平方程的工具变量。这样系统GMM方法就在一阶差分方程基础上，增加了水平方程，从而利用了更多的矩条件（Roodman，2006）。系统GMM的最大优势是从变量的历史变化中选取合适的工具变量而不是通过引入外部工具变量，但其适用性必须通过以下严格检验：首先，检验方程(5.4)和(5.5)中的特质残差项 ε 序列不相关。在估计中，作者使用Arellano and Bond(1991)提供的特质残差序列相关方法来检验模型设立是否无误。如果无法满足，作者通过在自变量中加入更滞后的因变量来补救。其次，作者检验差分的滞后和原方程的固定效应是否不相关。方法是通过Difference-in-Hansen检验来观察结果是否满足假设。最后，作者还检验工具变量是否存在过度识别。方法是利用Hansen过度识别约束检验来确认是否所有工具变量整体外生。

5.5 估计结果

5.5.1 基本估计结果

考虑系统 GMM 方法的严格假设和复杂程序，为保证估计结果的准确性和可信度，作者详细报告估计结果及其各项统计检验值。针对方程（5.4），作者分别用 OLS、固定效应和系统 GMM 估计影响新生企业活动地区分布差异的因素（见表 5-2）。第一列报告了 OLS 估计结果，第二列报告了固定效应估计结果，第三和第四列汇报了系统 GMM 估计结果。第三列和第四列的差异在于前者没有考虑所有制结构变量，而后者加入了本地区本行业国有企业就业人数比重（$RISOE$）。在讨论系统 GMM 结果之前，作者首先讨论滞后变量 $ENTRY_{t-1}^{ik}$ 的估计系数，并讨论系统 GMM 方法是否适用于该方程。根据 Roodman（2006），系统 GMM 对方程的估计是否成功取决于滞后被解释变量的估计系数值是否落在 OLS 估计下的对应系数值和固定效应估计下的对应系数值之间。根据表 5-2，第三列 $ENTRY_{t-1}^{ik}$ 的估计系数为 0.289，而第四列中其估计系数为 0.276，两者均在 0.119（固定效应估计系数）~0.511（OLS 估计系数）范围内。这说明系统 GMM 方法能够对该方程进行有效估计。系统 GMM 模型还涉及模型设定是否无误、工具变量是否有效和工具变量是否外生等问题。表 5-2 中第三列和第四列均报告了残差项序列相关检验的 p 值。这些 p 值拒绝了 $AR(2)$，说明该模型不存在二阶序列自相关。作者还报告了工具变量有效性的各种检验 p 值。Hansen-overid 报告的是 Hansen 过度识别检验，原假设是所有工具变量中至少有一个有效；Dif-Hansen-IV 和 Dif-

Hansen-GMM 报告的分别是 IV 和 GMM 变量的差分是否严格外生。我们的系统 GMM 估计结果都显著拒绝了上述关于工具变量的假设。

表 5-2 第四列涵盖所有变量,且主要变量的估计系数和统计水平上的显著性都和第三列中数值相似。作者依据该列的结果对各变量的估计系数进行解释。估计结果显示,不同地区的经济集聚对新生企业活动的产生发挥重要作用。作者发现地区行业的中间供应商关联($ILINKS$)和最终消费者关联($OLINKS$)对新生企业活动具有正且1%统计水平上显著的影响,符合假设 1。作者还发现地区行业的劳动力市场共享($LABS$)对新生企业活动具有1%统计水平显著的正影响。根据估计结果,劳动力市场共享指数的估计系数为 0.862,且在 1% 统计水平上显著,该结果验证了假设 2。知识溢出($KNOWS$)的估计系数为 0.315 且在 1% 统计水平上显著,这验证了假设 3,即在知识溢出程度较高的地方,新生企业活动较活跃。表 5-2 中的估计结果和已有文献关于新生企业产生的决定因素的发现一致。例如,Glaeser and Kerr(2009)发现了地方经济集聚环境,包括中间投入品和最终消费者关联、劳动力市场共享和知识溢出以及 Chinitz 指数是美国不同地区新生企业活动产生的重要因素。Ghani et al. (2011)研究了印度企业创业活动的产生,得出了类似的结论。

表 5-2　不同地区新生企业创业活动影响因素分析:基本模型估计结果

	(1)	(2)	(3)	(4)
	OLS	FE	SYS-GMM	SYS-GMM
L. ln($ENTRY$)	0.511***	0.119***	0.289***	0.276***
	(0.012)	(0.014)	(0.000 4)	(0.000 7)
$ILINKS$	0.876***	0.853***	1.651***	1.398***
	(0.111)	(0.268)	(0.017)	(0.020)

续表

	(1) OLS	(2) FE	(3) SYS-GMM	(4) SYS-GMM
OLINKS	9.177***	3.461*	14.116***	14.128***
	(0.767)	(1.995)	(0.050)	(0.172)
LABS	0.300	-1.214**	0.677***	0.862***
	(0.219)	(0.528)	(0.036)	(0.032)
ln(KNOWS)	0.172***	0.117**	0.277***	0.315***
	(0.061)	(0.057)	(0.007)	(0.006)
ln(POP)	-0.058	-0.015	0.008***	0.024***
	(0.041)	(0.038)	(0.002)	(0.002)
OPEN	4.292***	7.030***	7.262***	5.169***
	(0.865)	(0.796)	(0.101)	(0.060)
TRANDEN	0.001	0.121*	0.147***	0.184***
	(0.076)	(0.070)	(0.005)	(0.002)
ln(EDU)	0.756***	1.368***	1.082***	1.130***
	(0.093)	(0.088)	(0.009)	(0.009)
RISOE				-1.033***
				(0.006)
Constant	-2.456***	-2.056***	-4.834***	-5.442***
	(0.568)	(0.636)	(0.071)	(0.091)
Adjusted R^2	0.793			
AR(2)			0.730	0.769
Hansen-overid			0.173	0.254
Dif-Hansen-GMM			0.326	0.334
Dif-Hansen-IV			0.278	0.346
地区行业组数		734	734	734
工具变量数			682	683
观察值	5456	5456	5456	5456

注:所有回归的被解释变量是 ln(ENTRY);所有回归都控制了地区、行业和时间虚拟变量;*、** 和 *** 分别表示 10%、5% 和 1% 的统计水平。括号里是标准误。SYS-GMM 回归中:(1) AR(2) 报告 Arellano-Bond 的 p 值;(2) Hansen-overid 报告的是 Hansen 过度识别检验的 p 值;(3) Dif-Hansen-GMM 是针对 GMM 变量的 Hansen-in-difference 检验值;Dif-Hansen-IV 是针对 IV 变量的 Hansen-in-difference 检验值;(4) GMM 中的工具变量包括:L.ln(ENTRY)、ILINKS、OLINKS、LABS、ln(KNOWS);SYS-GMM(2) 中还包括 RISOE;(5) IV 中的工具变量包括:时间、地区和行业特征哑变量、ln(POP) 和 WEIGHTS,其中 WEIGHTS 是地区人数对数值和行业人数对数值之积。

表 5-2 的估计结果表明,国有企业就业人数比重(RISOE)对非国有企业创业活动的影响系数为负,且在 1% 统计水平上显著。这表明国有企业比重较高会抑制新生企业活动,符合假设 4。

在其他控制变量中,根据表 5-2 第(4)列结果,地方总人口(POP)的估计系数为正且在 1% 统计水平上显著,表明地方人口规模能够为本地新生企业创业者产生提供基本来源;地方开放程度(OPEN)和地方道路交通分布密度(TRANDEN)的估计系数为正且 1% 统计水平上显著,说明对外贸易程度高的地方容易出现新生企业活动;地方教育水平(EDU)的估计系数也为正且在 1% 统计水平上显著,说明地方教育水平高能够为高新技术企业的产生提供知识和劳动力储备,从而有利于新生企业出现。

5.5.2 交互估计结果

为了验证假设 5,作者考虑所有制结构指标和各经济集聚变量的交互对新生企业活动的影响。在估计中,作者一一加入本地区本行业国有企业就业人数比重(RISOE)和地方行业中间供应商关联(ILINKS)、最终消费者关联(OLINKS)、劳动力市场共享(LABS)和知识溢出(KNOWS)的交互。表 5-3 报告了估计结果和相关统计值。该表中各列的残差项序列相关检验的 p 值均拒绝了 $AR(2)$,说明该模型不存在二阶序列自相关。该表中也报告了工具变量有效性的各种检验 p 值:Hansen-overid 报告的是 Hansen 过度识别检验值,Dif-Hansen-IV 和 Dif-Hansen-GMM 报告的检验 IV 和 GMM 变量的差分是否严格外生的值。这些值都显著拒绝了上述关于工具变量的假设。

表 5-3 中各非交互项的影响系数和显著性程度和表 5-2 中对应指标基本一致。出于篇幅关系,作者这里主要分析交互项的估计结果。根据表中结果,本地区本行业国有企业就业人数比重和地方中间供应商关联、最终消费者关联和知识溢出的交互项为负且在 1% 统计水平上显著(见表 5-3 中(1)、(2)和(4)列)。这说明,经济集聚对地区新生企业活动的正面作用能否充分发挥取决于地方产业所有制结构。换言之,如果地方国有比重越高,中间供应商关联、最终消费者关联和知识溢出等激发新生企业活动的作用就会受到削弱。但是,估计结果显示产业的劳动力市场共享和本地区本行业国有企业就业人数比重的交互项的估计系数为正,且统计上显著,与假设 5 不符。作者认为,当地方行业国有企业就业人数的比重较高,地方的劳动力市场共享程度没有减弱,新生企业可以获得"劳动力池"效应,从而对新生企业的出现有正面影响。

表 5-3　不同地区新生企业创业活动影响因素分析:交互模型估计结果

	(1)	(2)	(3)	(4)
	ILINKS 交互	OLINKS 交互	LABS 交互	KNOWS 交互
L.ln(ENTRY)	0.274***	0.276***	0.278***	0.266***
	(0.001)	(0.001)	(0.001)	(0.001)
ILINKS	1.820***	1.416***	1.422***	1.465***
	(0.022)	(0.026)	(0.030)	(0.025)
OLINKS	14.465***	13.329***	14.296***	13.608***
	(0.107)	(0.152)	(0.158)	(0.095)
LABS	0.886***	0.573***	0.829***	0.659***
	(0.028)	(0.037)	(0.026)	(0.029)
ln(KNOWS)	0.300***	0.313***	0.301***	0.328***
	(0.004)	(0.006)	(0.004)	(0.004)
ln(POP)	0.023***	0.021***	0.019***	0.020***
	(0.002)	(0.003)	(0.003)	(0.004)

续表

	（1）	（2）	（3）	（4）
	ILINKS 交互	OLINKS 交互	LABS 交互	KNOWS 交互
OPEN	7.650***	7.614***	7.404***	9.451***
	(0.158)	(0.119)	(0.129)	(0.095)
TRANDEN	0.169***	0.192***	0.189***	0.100***
	(0.003)	(0.004)	(0.004)	(0.004)
ln(EDU)	1.026***	1.055***	1.031***	1.298***
	(0.012)	(0.006)	(0.007)	(0.013)
RISOE	−2.178***	−0.728***	−0.884***	−0.907***
	(0.033)	(0.013)	(0.031)	(0.005)
RISOE·ILINKS	−1.066***			
	(0.021)			
RISOE·OLINKS		−2.948***		
		(0.354)		
RISOE·LABS			0.177***	
			(0.044)	
RISOE·ln(KNOWS)				−0.312***
				(0.005)
Constant	−4.426***	−4.834***	−4.901***	−6.030***
	(0.102)	(0.070)	(0.083)	(0.106)
AR(2)	0.669	0.689	0.700	0.599
Hansen-overid	0.334	0.358	0.319	0.271
Dif-Hansen-GMM	0.350	0.348	0.351	0.348
Dif-Hansen-IV	0.346	0.346	0.351	0.336
地区行业组数	734	734	734	734
工具变量数	693	693	693	683
观察值	5456	5456	5456	5456

注：所有回归的被解释变量是 ln(ENTRY)；所有回归都控制了地区、行业和时间虚拟变量；*、** 和 *** 分别表示 10%、5% 和 1% 的统计水平。括号里是标准误。SYS-GMM 回归中：(1) AR(2) 报告 Arellano-Bond 的 p 值；(2) Hansen-overid 报告的是 Hansen 过度识别检验的 p 值；(3) Dif-Hansen-GMM 是针对 GMM 变量的 Hansen-in-difference 检验值；Dif-Hansen-IV 是针对 IV 变量的 Hansen-in-difference 检验值；(4) GMM 中的工具变量包括：L.ln(ENTRY)、ILINKS、OLINKS、LABS、ln(KNOWS)、RISOE 和交互项；(5) IV 中的工具变量包括：时间、地区和行业特征哑变量、ln(POP)、和 WEIGHTS，其中 WEIGHTS 是地区人数对数值和行业人数对数值之积。

5.5.3 稳健性检验

为了证实表 5-2 和表 5-3 的估计结果,作者还做了稳健性检验。首先,作者考虑利用本地区其他行业的市场国有企业就业人数比重($ROSOE$)作为衡量地方国有企业比重的替代指标。表 5-4 报告使用该指标的估计结果,其中(1)列报告了方程(5.4)的估计结果,(2)至(5)列报告了方程(5.5)的结果。与表 5-2 和表 5-3 中的基本估计结果相比,作者发现各变量的估计系数和统计显著性没有明显变化:本地区其他行业的平均国有企业就业人数比重($ROSOE$)对地区非国有企业创业活动的影响为负,且 1% 统计水平上显著;其和各经济集聚变量的交互均为负,这表明了本地区其他行业的国有企业比重高,除了抑制中间供应商关联、最终消费者关联和知识溢出等地方集聚环境对新生企业活动的激发作用,还削弱劳动力市场共享效应对新生企业活动产生的推动作用。

表 5-4 不同地区新生企业创业活动影响因素分析:稳健性检验一

	(1)	(2)	(3)	(4)	(5)
		$ILINKS$	$OLINKS$	$LABS$	$KNOWS$
L.ln($ENTRY$)	0.279***	0.290***	0.295***	0.289***	0.286***
	(0.001)	(0.001)	(0.001)	(0.001)	(0.001)
$ILINKS$	1.691***	1.445***	1.518***	1.634***	1.563***
	(0.029)	(0.028)	(0.019)	(0.028)	(0.026)
$OLINKS$	15.490***	15.515***	7.756***	14.458***	14.957***
	(0.147)	(0.115)	(0.108)	(0.142)	(0.149)
$LABS$	0.732***	0.876***	0.526***	0.633***	0.868***
	(0.028)	(0.036)	(0.028)	(0.021)	(0.037)
ln($KNOWS$)	0.234***	0.215***	0.200***	0.230***	0.216***
	(0.003)	(0.005)	(0.003)	(0.004)	(0.003)
ln(POP)	0.020***	0.002	0.0004	0.006*	-0.007***
	(0.002)	(0.003)	(0.003)	(0.003)	(0.002)

续表

	(1)	(2)	(3)	(4)	(5)
		ILINKS	OLINKS	LABS	KNOWS
OPEN	7.166***	6.644***	7.011***	7.366***	6.263***
	(0.134)	(0.069)	(0.119)	(0.101)	(0.067)
TRANDEN	0185***	0.180***	0.198***	0.213***	0.122***
	(0.005)	(0.005)	(0.005)	(0.004)	(0.005)
$\ln(EDU)$	1.034***	1.064***	0.993***	1.001***	1.175***
	(0.008)	(0.010)	(0.011)	(0.010)	(0.009)
ROSOE	-0.543***	-0.616***	-0.877***	-0.269***	-0.509***
	(0.013)	(0.036)	(0.014)	(0.013)	(0.016)
ROSOE·ILINKS		-0.197***			
		(0.027)			
ROSOE·OLINKS			-13.381***		
			(0.164)		
ROSOE·LABS				-0.189***	
				(0.018)	
ROSOE·$\ln(KNOWS)$					-0.101***
					(0.003)
Constant	-4.359***	-4.834***	-3.703***	-4.063***	-5.057***
	(0.066)	(0.074)	(0.102)	(0.095)	(0.072)
AR(2)	0.832	0.851	0.906	0.835	0.825
Hansen-overid	0.185	0.194	0.203	0.226	0.203
Dif-Hansen-GMM	0.350	0.350	0.350	0.349	0.351
Dif-Hansen-IV	0.351	0.339	0.350	0.349	0.348
地区行业组数	734	734	734	734	734
工具变量数	683	693	693	693	693
观察值	5456	5456	5456	5456	5456

注：所有回归的被解释变量是 $\ln(ENTRY)$；所有回归都控制了地区、行业和时间虚拟变量；*、** 和 *** 分别表示 10%、5% 和 1% 的统计水平。括号里是标准误。SYS-GMM 回归中：(1) AR(2) 报告 Arellano-Bond 的 p 值；(2) Hansen-overid 报告的是 Hansen 过度识别检验的 p 值；(3) Dif-Hansen-GMM 是针对 GMM 变量的 Hansen-in-difference 检验值；Dif-Hansen-IV 是针对 IV 变量的 Hansen-in-difference 检验值；(4) GMM 中的工具变量包括：L.$\ln(ENTRY)$、ILINKS、OLINKS、LABS、$\ln(KNOWS)$、ROSOE 和交互项；(5) IV 中的工具变量包括：时间、地区和行业特征哑变量、$\ln(POP)$ 和 WEIGHTS，其中 WEIGHTS 是地区人数对数值和行业人数对数值之积。

接着，作者考虑使用 Windmeijer(2005) 的方法来纠正有限样本下特质残差项个体间相关导致的标准差下偏问题(见表5-5)。一般来说，Windmeijer标准差会比基本估计结果中的标准差要大。但是表5-5的结果显示,使用Windmeijer(2005)后,大部分变量的估计系数仍然在统计水平上显著。这表明上述的基本估计结果比较合理。

表5-5 不同地区新生企业创业活动影响因素分析:稳健性检验二

	(1)	(2) ILINKS	(3) OLINKS	(4) LABS	(5) KNOWS
L.ln(ENTRY)	0.276***	0.274***	0.274***	0.278***	0.266***
	(0.019)	(0.019)	(0.019)	(0.019)	(0.019)
ILINKS	1.399***	1.820***	1.442***	1.422***	1.465***
	(0.262)	(0.272)	(0.252)	(0.256)	(0.261)
OLINKS	14.128***	14.465***	13.422***	14.296***	13.608***
	(2.562)	(2.641)	(3.107)	(2.611)	(2.551)
LABS	0.862	0.887*	0.619	0.829	0.659
	(0.573)	(0.530)	(0.518)	(0.563)	(0.641)
ln(KNOWS)	0.315***	0.300***	0.309***	0.301***	0.328***
	(0.069)	(0.070)	(0.071)	(0.070)	(0.069)
ln(POP)	0.024	0.023	0.103*	0.019	0.020
	(0.041)	(0.042)	(0.061)	(0.041)	(0.041)
OPEN	5.169***	7.650***	7.834***	7.404***	9.451***
	(0.160)	(0.182)	(0.181)	(0.178)	(0.173)
TRANDEN	0.184*	0.169*	0.210**	0.189*	0.100
	(0.106)	(0.104)	(0.106)	(0.106)	(0.105)
ln(EDU)	1.130***	1.026***	1.076***	1.031***	1.298***
	(0.143)	(0.147)	(0.149)	(0.147)	(0.158)
RISOE	-1.033***	-2.178***	-0.748***	-0.884**	-0.907***
	(0.143)	(0.681)	(0.289)	(0.386)	(0.178)
RISOE·ILINKS		-1.066***			
		(0.487)			
RISOE·OLINKS			-2.751		
			(6.929)		

续表

	(1)	(2) ILINKS	(3) OLINKS	(4) LABS	(5) KNOWS
RISOE·LABS				0.177 (0.505)	
RISOE·ln(KNOWS)					-0.312*** (0.102)
Constant	-5.442*** (1.038)	-4.426*** (1.068)	-6.025*** (1.080)	-4.901*** (1.049)	-6.030*** (1.115)
AR(2)	0.773	0.675	0.631	0.705	0.605
Hansen-overid	0.254	0.334	0.203	0.319	0.271
Dif-Hansen-GMM	0.348	0.350	0.348	0.151	0.350
Dif-Hansen-IV	0.350	0.343	0.346	0.351	0.346
地区行业组数	734	734	734	734	734
工具变量数	683	693	693	693	693
观察值	5456	5456	5456	5456	5456

注：所有回归的被解释变量是 ln(ENTRY)；所有回归都控制了地区、行业和时间虚拟变量；*、** 和 *** 分别表示 10%、5% 和 1% 的统计水平。括号里是标准误。SYS-GMM 回归中：(1) AR(2) 报告 Arellano-Bond 的 p 值；(2) Hansen-overid 报告的是 Hansen 过度识别检验的 p 值；(3) Dif-Hansen-GMM 是针对 GMM 变量的 Hansen-in-difference 检验值；Dif-Hansen-IV 是针对 IV 变量的 Hansen-in-difference 检验值；(4) GMM 中的工具变量包括：L.ln(ENTRY)、ILINKS、OLINKS、LABS、ln(KNOWS)、ROSOE 和交互项；(5) IV 中的工具变量包括：时间、地区和行业特征哑变量、ln(POP)、和 WEIGHTS，其中 WEIGHTS 是地区人数对数值和行业人数对数值之积。

5.6 结论

新生企业活动在不同地区的布局是中国地区经济增长的重要空间特征。本章利用 1999—2008 年间中国新生非国有制造业企业数据，探讨了不同地区的产业集聚如何影响新生企业的选址活动。通过实证分析，作者发现不同地区中间供应商关联、最终消费者关联、劳动力市场共享和知识外溢等经济集聚程度是解释新生企业空间分布不均衡的重要因素。

在本章里,作者重点考察了所有制结构对新生企业活动的影响。根据实证结果,作者发现国有企业就业人数比重对本地新生企业活动具有显著负面影响。由于受到地方政府保护和救助,国有企业比重过高,会扭曲当地市场竞争,削弱产业内贸易和外部经济,影响新生企业进入。作者的研究证实了地区国有企业比重过高会限制企业从经济集聚效应中获益,符合已有关于中国产业空间分布研究的发现,包括白重恩等(2004)、张俊妮和陈玉宇(2006)和 He and Wang(2012)。

本章的研究一方面丰富了现有关于企业家创业和创新精神的空间分布的文献,同时也为经济集聚是经济增长动力的观点提供了微观证据。另一方面,本章的发现表明了国有企业改革对保持地区经济增长具有相当重要的作用,并从理论上证实了世界银行报告提出的"缩减国有企业规模"(World Bank,2012)的建议的合理性。

第六章

产业空间集聚和企业退出

6.1 引言

集聚经济是地区经济增长的重要动力。如前面章节所述,产业在一定空间上聚集可以产生出诸如中间投入品共享、劳动力市场共享和知识溢出等外部性。这些外部性对本地经济的影响在很大程度上依赖于它们对企业生存可能性的影响。一个地区的经济集聚程度高,能够为企业建立起较好的生存环境来抵御负外部冲击的影响。本章考察产业空间集聚和不同地区企业退出的关系。

企业进入和退出及其动态变化是一个地区经济发展的重要特征,也一直是经济学家们感兴趣的话题。Duetsch(1984)分析了1963—1972年间美国不同阶段的制造业企业退出情况,并解释影响企业退出的结构、公司战略等因素。Dunne et al.(1988)考察了1963—1982年美国制造业的进入和退出情况,并分析地区的企业进入和企业退出的关系。Disney et al.(2003)关注了英国制造业的进入和退出情况,并讨论了影响企业进入和退出的因素。Yang and Temple(2012)分析了经济改革和竞争性选择对中国企业退出的影响。现有研究主要讨论企业自身特征和行业特征等因素对不同行业企业退出的影响,而很少关注地区层面特征。本章从地区层面的特征尤其是产业空间集聚着手,研究其是否可以解释不同地区企业退出程度的差异。

从理论上来说,产业空间集聚产生的外部性包括地方化经济和城市化经济。地方化经济是指,在一个地区里,单个企业享受到同行业的企业集中带来的好处;而城市化经济是指单个企业享受到城市里不同行业的企业集中产生的好处(Hoover,1948)。因此,地方化经济主要是测度同一地区同一行业专业化的外部性,而城市化经济则测度同一地区多样化行业产生的外部性。最近经济学家们热衷于讨论地方化经济和城市化经济对本地区经济增长的影响(见 Rosenthal and Strange(2004)的综述)。基于他们的研究,本章中作者分析这两种外部性对一个地区不同行业的企业退出的影响。作者利用熵指数的思路构造了城市化经济的两种形态,即相关行业多样化和非相关行业多样化,考察两者对企业退出的影响。

在本章里,作者利用中国工业企业数据库数据,探讨了产业空间集聚如何影响不同城市不同行业的企业退出率。首先,作者计算了1998—2008年间中国城市层面二位码行业的企业退出率。作者发现,企业退出率在空间分布上存在很大的差异性,中西部城市的平均企业退出率较高,而沿海地区的企业退出率较低。接着,通过对企业层面数据的加总,作者构造了不同地区的产业空间集聚指数,并分析了它们对企业退出率的影响。一方面,作者发现地区地方化经济和企业退出率之间存在倒 U 型关系,即地方化经济先是加快企业退出,随着地方化经济程度进一步提高,企业退出开始减少。另一方面,实证结果表明相关行业多样化有助于减少企业退出,而非相关行业多样化对企业存活有负面作用。根据上述发现,作者认为在空间集聚比较强的地方,企业生存的可能性提高,因而减少了退出。作者还检验了城市层面的其他经济和社会特征对企业退出的影响。结果发现,本地同行业的出口程度、劳动生产率水平、本地的人口密度和本地的教育水平都有助于减少本地企业退出,而企业进入率则对企业退出率有正向作用。

本章以下部分结构如下:在第二部分,基于现有文献,作者讨论了企业退出决定因素的理论框架,并提出产业空间集聚影响企业退出的基本假设;第三部分中,作者描述和计算了企业退出率及其影响因素的解释变量,报告了这些变量的统计性特征;在第四部分,作者讨论了实证模型和计量方法;第五部分,作者报告了实证分析结果,并结合理论对结果进行了经济意义上的解释;第六部分是稳健性分析;最后一部分为结论。

6.2 理论框架和假设:基于文献的论述

研究企业退出的经济学文献非常丰富。但是,现有研究集中考察企业自身特征和产业特征对企业退出的影响,而鲜少探讨地区层面特征,尤其是产业集聚环境在解释企业退出率的空间差异中的作用。

基于产业组织理论,一些研究认为企业退出与其自身特征有关系。Hopehayn(1992)构建了一个企业进入、退出和动态演变的一般均衡模型。根据该模型,在每一期,企业在受到生产率冲击后决定是否退出。在一定假设条件下,比较成熟的和规模较大的企业比较容易存活。Audretsch(1995)认为,刚进入的企业规模一般低于最小效率规模(Minimum efficient scale),因此企业如果不经历快速成长就容易退出。除了理论文献外,一些实证文献也证实了年龄和初始规模是影响企业退出的重要因素。譬如,Dunne et al.(1988)考察了1963—1982年间美国不同制造业行业的企业进入和退出情况。他发现,越是成立晚的企业越容易退出,原因是其需要通过学习才能达到自身真实生产率水平。Disney et al.(2003)研究了英国制造业企业的进入、退出和存活情况,他们发现企业的年龄和规模是解释单个企业退出的重要决定因素。

除了企业自身特征,部分研究还考察了行业特征对不同行业间企业进入和退出的影响。Duetsch(1984)研究了美国1963—1972年间不同行业的企业退出情况。他的研究发现,产业规模、产业需求和盈利能力等行业特征是影响企业退出的重要因素。另外,他还发现资产耐用性和特别性所衍生的产业结构会减缓企业的退出。Austin and Rosenbaum(1990)探讨了影响美国不同制造业产业间企业进入率和退出率差异的因素。他们的研究表明,行业利润率、收入资本比、最小效率规模、产业增长率和行业集中度较好地解释了不同行业间进入率和退出率的不同。另一些研究发现,不同行业的新企业进入率会对企业退出产生影响。Honjo(2000)发现,当期和滞后的企业进入率越高,行业的企业退出率也越高。Dunne et al.(1988)和Geroski(1991)也表明行业的进入率和退出率具有正向关系。部分研究则发现,劳动生产率水平高的行业的企业退出率相对较低(Cefis and Marsili,2006)。

和现有文献不同,这里作者探讨地区层面的产业空间集聚因素对企业退出的影响。在不同的地方生产体系里,如工业开发区或者产业集群等,集聚经济是解释企业存活的重要机制。就地区层面而言,集聚经济可以分为地方化经济和城市化经济。从理论上来说,前者是指在同一行业内的企业在空间上集聚产生的正外部性,而后者指城市范围内不同行业的企业的地理集聚带来的正外部性。无论是地方化经济还是城市化经济,其外部性都有三个基本来源,即投入品共享、劳动力市场共享和知识外溢(Marshall,1920)。

6.2.1 地方化经济和企业退出

从理论上来说,地方化经济如何影响企业退出没有确定的结论。一般来说,地方化经济越强,意味着本地的产业专业化程度越高,从而增加本行业内企业对中间投入品的依赖(Holmes,1999;Ono,2007;Li and Lu,2009)。地方化经济还能够使本地企业享受到大的劳动力池,从而提高工人和企业之间的匹配程度(Rosenthal and Strange,2004)。因此,地方化经济对当地企业生产率水平提高具有正向作用,因而会减少本地企业的退出。但是,一个地方的地方化经济强,也意味着当地的竞争程度高。最近一些经济学文献提出了地方化经济影响企业生产率的企业选择(Firm selection)和空间分类(Spatial sorting)机制。Baldwin and Okubo(2006)认为,生产率水平高的企业愿意在市场规模大的地区选址以获得更大的市场份额,同时也提高了该地区的竞争程度,进而吸引更多生产率水平高的企业的进入。与此同时,竞争程度的提高使得很多低效率的企业迁离该地区,最终形成不同生产率水平企业的空间分类。Baldwin et al.(2010)和Combes et al.(2012)分别研究了加拿大和法国的企业数据,实证识别了空间分类、企业自选择和集聚经济对企业生产率水平的影响。根据这些文献,地方化经济加剧地区的竞争程度,使得企业在当地的交通费用和获取中间投入的成本上升,加剧生产率水平较低的企业退出。Staber(2001)考察了德国的针织衫生产地区,发现地方化经济带来了较强的竞争效应,降低了企业的生存机率。

根据上述讨论,作者认为,地方化经济对企业退出的影响取决于集聚经济和竞争效应的共同作用:前者减缓企业退出,而后者则加剧企业退出。在实证中,作者通过引入不同地区不同行业的专业化指标及其二次项来验证上述地方化经济和企业退出率的关系的假设。

6.2.2 城市化经济和企业退出

根据 Jacobs(1969),城市化经济的产生主要是来自城市内产业的多样化。很多城市和区域经济文献证实了城市化经济能够增强中间投入品的分享、降低交易成本,更重要的是多样化产业可以刺激新想法的出现,促进城市发展。Glaeser et al.(1992)利用美国城市产业的数据,发现城市化经济引起行业就业增长的证据。Feldman and Audrestch(1999)发现在人口密度比较高的城市,不同产业有了很多交流机会和知识共享,从而提高了知识溢出的可能性。除了集聚经济的机制,另一支理论认为一个地区具有多样化的产业能够比专业化产业结构更能抵御外部冲击带来的风险,也比较有能力对外部变化(如经济衰退)做出及时反应(Combes,2000;Frenken et al.,2007)。根据上述文献,无论是发挥集聚经济的作用,还是降低外生冲击风险,城市化经济都有助于提高企业存活的可能性。

基于上述讨论,作者根据熵指数的思路,建立了两个指标来考察城市化经济:一是相关行业多样化指数,即城市同一较粗分行业(如二位码行业)内部不同细分行业(如四位码)的多样性;二是非相关行业多样化指数,即同一城市内部不同粗分行业(如二位码行业)的多样化程度。一般来说,相关行业多样化更容易产生集聚经济外部性,如知识溢出和投入品共享等,而其抵抗风险的能力较低,原因是相关行业面对的需求比较趋同。而非相关行业多样化则由于不同行业面对不同需求,因此在冲击来临时,则可以分散风险。因此,相关行业多样化和非相关行业多样化对企业退出的影响存在差异。前者由于集聚经济的效应较强,可以增加企业存活率,从而减缓企业退出;而后者的集聚经济相对较弱,其有助于减少外部非对称经济冲击对整体经济的影响,但可能会加剧单个产业中的企业退出。

6.3 变量选取

为了验证产业空间集聚对不同地区不同行业的企业退出率的影响,作者使用中国工业企业数据库中制造业企业数据(详见第一章导论关于数据的来源和处理方法的描述)。和第五章中关于新生企业样本的处理方法一样,作者利用 Brandt et al.(2012)提供的思路,通过追踪企业的名称、产业、地址等方式,排除了这些通过改制或者重新组合的方式而被认定为新生企业的样本,从而得到了不同年份企业构成的非均衡面板样本。考虑到地理维度和行业维度对产业空间集聚的重要影响,作者这里主要考察地级市维度上产业空间集聚环境对二位码制造业企业的影响。①

---

① 研究表明,城市化经济对城市发展的作用与选取的行业维度和地理维度十分相关。Beaudry and Schiffauerova(2009)发现,在越细分的行业层面上,城市化经济对生产率水平的作用体现得越明显。Breitenecker and Schwarz(2011)发现,使用企业层面的数据可能放大地方化经济的作用,而使用地区层面的数据则可能低估城市化经济的作用。

6.3.1 被解释变量:企业退出率

根据 Dunne et al.(1988)、Disney et al.(2003)和 Cainelli et al.(2010),作者计算不同行业的企业退出率,即计算每个行业不同年份退出企业数占该地区整个行业现存企业的比例。具体表达为:

$$Exit\_rate_{i,j,t} = \frac{\#Exit\_firms_{i,j,t}}{\#Active\_firms_{i,j,t}} \quad (6.1)$$

其中,$\#Exit\_firms_{i,j,t}$ 和 $\#Active\_firms_{i,j,t}$ 分别表示 t 年 i 地区 j 行业的退出企业数和现存企业数。退出企业定义如下:假设 t 年在某地区观察到的某企业在 $t+1$ 年不存在了,则该企业定义为退出企业。

利用中国国家统计局的工业企业数据库中的企业数据,作者计算了 1998—2008 年间中国各地级市二位码制造业行业的企业退出率。图 6-1 显示了不同城市不同行业企业退出率的中位数的空间分布。数据表明:企业退出率比较高的城市多位于中西部地区,而东部沿海地区城市的不同行业的企业退出率相对较低。

6.3.2 解释变量:空间集聚经济

为了验证上述假设,作者选用三个指标来衡量地区经济集聚程度,包括地方产业专业化、相关行业多样化和非相关行业多样化。

作者借用 Balassa 专业化指数来表示一个城市不同产业的地方化经济水平。该指标构造如下:

$$SPEC_{i,j,t} = \frac{E_{i,j,t}}{\sum_i E_{i,j,t}} \bigg/ \frac{\sum_j E_{i,j,t}}{\sum_{i,j} E_{i,j,t}} \quad (6.2)$$

其中,$E_{i,j,t}$ 表示 t 年 i 地区 j 产业的就业人数。

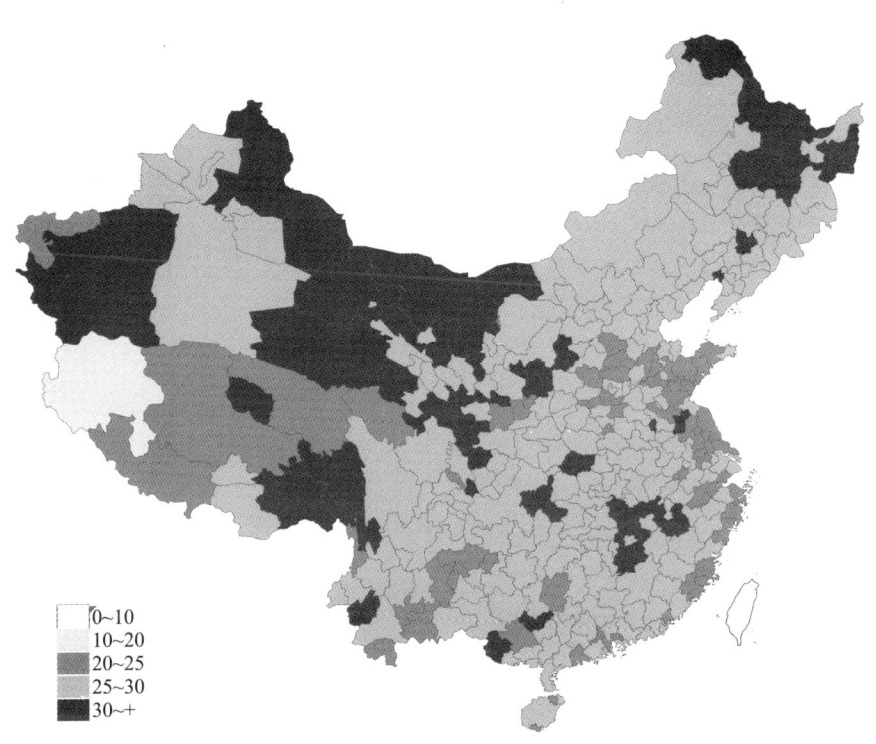

图 6-1　不同行业的企业退出率的空间分布(中位数):1998—2008
注:数据由作者计算整理。数据来源:中国工业企业数据库。

根据 Frenken et al. (2007)和 Cainelli et al. (2013),作者借助熵指数(Entropy index)构建了衡量城市行业多样化的两个指标。利用熵指数来构造多样化指数的好处在于可以在不同细分行业层面对指数进行分解,而其可分解特征保证使用不同细分行业的多样化指数进行方程估计时不会引起共线性问题(Attaran,1986)。作者利用熵指数定义非相关行业多样化指数如下:

$$URV_{i,j,t} = -\sum_{j\neq i} S_{i,j,t} log_2\left(\frac{1}{S_{i,j,t}}\right) \tag{6.3}$$

其中，$s_{i,j,t}$ 表示 t 年 i 地区二位码 j 行业所占地区的就业人数比例。当某地区的就业人数全部集中在某个行业上时，该指数为 0；但某地区的就业人数平均分布于各个行业时，该指数具有最大值。一般来说，该指数的值越大，该地区的产业多样化程度越高。

同样借助于二位码行业内部更细分行业（本文使用四位码行业）的熵指数，作者构造相关行业多样化指数如下：

$$RV_{i,j,t} = \sum_i S_{i,j,t} \cdot H_{i,j,t} \qquad (6.4)$$

其中，H_j 表示 j 行业内部四位码行业在某地区的熵指数，定义为

$$H_j = -\sum_{g \in S_j} \frac{s_g}{S_j} log_2 \left(\frac{1}{s_g/S_j} \right)$$

这里，s_g 表示 j 行业内包含的四位码 g 行业所占地区的就业人数比例，而 S_j 则表示 j 行业所占地区的就业人数比例。

6.3.3 其他控制变量

除了表示地区经济集聚指标外，作者还考虑地区层面的其他指标，包括地区人口密度、地区教育水平和地区道路交通分布密度。作者采用地区每平方公里非农人口数量来表示人口密度。地区的教育水平表示为每万人中大学生人数。地区道路交通密度表示为每平方公里道路里长。

在实证分析中，作者还考虑了行业层面的控制变量，包括不同地区不同行业的产品出口程度、不同地区不同行业的劳动生产率和不同地区不同行业的新生企业进入率。地区行业产品出口程度表示为地区不同行业的出口额和销售额之比。地区行业的劳动生产率表示为不同地区

不同行业人均增加值。地区行业的新生企业进入率定义如下：

$$Entry\_rate_{i,j,t} = \frac{\#Entry\_firms_{i,j,t}}{\#Active\_firms_{i,j,t}} \qquad (6.5)$$

其中，$\#Entry\_firms_{i,j,t}$ 表示 t 年 i 地区 j 行业的新进入企业数。新进入企业定义如下：假设 t 年在某地区观察到的某企业在 $t-1$ 年没有存在，则该企业定义为新进入企业。

6.3.4 解释变量的统计摘要

在本文中，作者选取地级市为基本地理单元。作者通过加总中国工业企业数据库中的企业数据，分别计算了各个地级市二位码行业的相关数据。同时，作者利用历年《中国城市统计年鉴》中的相关数据，分别计算了1998—2008年间地级市的人口密度、教育水平和道路交通分布密度指标。

表6-1报告了上述解释变量的描述性统计特征。根据表中数据，城市行业专业化水平的平均值为1.119，表明很多城市存在行业专业化现象。城市相关行业多样化水平和所有行业多样化水平的平均值分别为18.213和27.748，且标准差分别为13.429和15.015，说明地区间存在城市化经济的差异。城市行业新生企业进入比例的平均值为0.247，表明在1998—2008年间每年都有新生企业进入，但是标准差值反映新生企业在城市间的分布具有差异。就城市行业的产品出口程度来说，产业间和地区间差异均较大，部分城市的一些产业完全内销，而一些城市的某些产业则完全出口海外市场。城市行业的劳动生产率水平的均值为62.110，而标准差为84.304。这反映出不同城市不同产业的劳动生

产率水平具有很大差异。表 6-1 中的数据显示,中国城市人口密度的平均值为每平方公里 648 人,但是不同城市的差异很大,最高的城市密度值达到每平方公里 9 358 人,而最低密度为每平方公里仅 3 人。城市教育水平和交通道路分布密度的标准差数值也反映出该两指标在城市间有很大差异。

表 6-1 各解释变量的统计性特征

变量	平均值	标准差	最小值	最大值
城市行业专业化水平(Specialization, SPEC)	1.119	1.343	0	9.997
城市相关行业多样化水平(Related variety, RV)	18.213	13.429	0	65.573
城市所有行业多样化水平(Unrelated variety, URV)	27.748	15.015	0.446	74.631
城市行业新生企业进入率(Entry_rate)	0.247	0.314	0	1.000
城市行业出口程度(Industrial export propensity)	0.124	0.216	0	1.000
城市行业劳动生产率水平(人均 GDP, Industrial productivity)	62.110	84.304	0	995.294
城市人口密度(千人/平方公里)(Local population density)	0.648	0.990	0.003	9.358
城市每万人中大学生数(Local education level)	90.215	139.617	0	1 161.033
城市每平方公里公路里长(Local highway density)	0.938	1.083	0	10.000

注:表中数据由作者计算整理。

6.4 估计模型

在实证分析中,被解释变量是不同地区行业的企业退出率。该变量是一个比例,变化范围为 0% 到 1%,因此不适合使用线性模型进行估计。根据变量的受限特征,作者采用 Tobit 模型来估计。该模型表示如下:

$$y_f^* = X_f\beta + \varepsilon_f \tag{6.6}$$

其中,$\varepsilon_f = N(0,\sigma_f^2)$,$X_f$ 为表 6-1 中定义的解释变量。在公式(6.6)中,y^* 是表示状态的潜变量。当 y^* 大于 0 和小于 1 时,才能观测到企业退出率信息 y_f。由于被解释变量为受限变量,OLS 估计得到的 β 值就会不连续。因此模型实际上讨论两类方程组成,研究在某些选择行为下的连续变量如何变化。测度方程定义如下:

$$y_f = \begin{cases} 0, & if\ y_f^* \leq 0 \\ y_f^*, & if\ 0 < y_f^* < 1 \\ 1, & if\ y_f^* \geq 1 \end{cases} \tag{6.7}$$

使用 Tobit 模型估计方程(6.7),其极大似然函数表示为:

$$\log L = \sum_{0 < y_f^* < 1} -\frac{1}{2}\left[\log(2\pi) + \log\sigma^2 - \frac{(y_f - x_f\beta)^2}{\sigma^2}\right] + \\ \sum_{y_f^* = 1} \log\left[\Phi\left(\frac{-x_f\beta}{\sigma}\right)\right] + \sum_{y_f^* = 1} \log\left[1 - \Phi\left(\frac{1 - x_f\beta}{\sigma}\right)\right] \tag{6.8}$$

在估计中,作者使用了面板数据结构,横截面为城市行业组,时间为年份。对于面板数据而言,固定效应的非线性模型通常不可能得到一致的估计值(Hsiao,2003),因此作者使用随机效应 Tobit 模型进行估计。考虑到部分解释变量和被解释变量之间存在互相影响的可能性,在估计中,作者使用地区空间集聚变量和所有其他控制变量的滞后一期项作为解释变量。也就是说,作者使用 $t-1$ 期的空间集聚变量和其他控制变量

来估计 t 期城市行业的企业退出率。

6.5 估计结果和解释

作者使用的工业企业数据中,既包括国有企业样本,也包括非国有企业样本。已有研究发现,国有企业的进入和退出往往不依赖市场力量和集聚经济(He and Wang,2012)。基于此,作者考虑了两套样本,一套是所有工业企业样本,另一套是非国有工业企业样本。在估计中,作者首先考虑城市行业特征和城市非集聚经济特征对企业退出的影响,接着考虑包括产业空间集聚变量在内的所有解释变量对企业退出的影响。

表6-2报告了估计结果。其中(1)和(2)列为全样本,(3)和(4)列只包括非国有工业企业样本。在(1)和(3)列中,作者只考虑空间经济集聚以外的行业和城市特征,而在(2)和(4)列中考虑所有解释变量。作者发现,(1)至(4)列所有变量的估计结果基本一致。这说明国有企业样本并未影响估计的基本结果。这里作者选择(2)列中的结果为基准结果,该结果表明:

(1)城市行业专业化水平对企业退出具有显著的正影响,但是这种正影响是递减的(表中专业化水平的一次项估计系数为正且统计上显著,而二次项为统计上显著为负),即城市的地方化经济和城市行业的企业退出率之间存在倒U型关系。这说明,在专业化水平比较低的时候,其带来的竞争效应较强,使得很多低效率企业退出,但专业化水平达到一定值时,其带来的集聚经济效应会超越竞争效应,减缓企业退出。

表 6-2 不同城市不同行业企业退出率的影响因素分析:估计结果

估计方法：面板 Tobit 模型	所有工业企业样本 (1)	(2)	非国有工业企业样本 (3)	(4)
Specialization		0.011***		0.010***
		(0.002)		(0.002)
Specialization^2		-0.0008*		-0.0008***
		(0.0005)		(0.0002)
Related variety		-0.001***		-0.002***
		(0.0005)		(0.0005)
Unrelated variety		0.003***		0.003***
		(0.0005)		(0.0004)
Entry_rate	0.014*	0.012**	0.014*	0.012**
	(0.008)	(0.008)	(0.008)	(0.008)
Industrial export propensity	-0.038***	-0.057***	-0.040***	-0.058***
	(0.006)	(0.007)	(0.006)	(0.006)
Industrial productivity(in logs)	-0.013***	-0.020***	-0.013***	-0.020***
	(0.002)	(0.002)	(0.002)	(0.002)
Local population density(in logs)	-0.004*	-0.006**	-0.004*	-0.006***
	(0.002)	(0.002)	(0.002)	(0.002)
Local education level(in logs)	0.004**	-0.007***	-0.004**	-0.007***
	(0.002)	(0.002)	(0.002)	(0.002)
Local highway density(in logs)	0.007***	0.001	0.007***	0.001
	(0.002)	(0.002)	(0.002)	(0.002)
Year dummy	是	是	是	是
样本数	53 777	53 777	53 672	53 672
未审查样本数	23 296	23 296	23 270	23 270
左审查样本数	23 577	23 577	23 501	23 501
右审查样本数	6 904	6 904	6 901	6 901
Log pseudolikelihood	-11 701.2	-11 576.4	-11 588.2	-11 465.4
LR1^2(d.f.)	73 751.5	74 001.1	73 818.6	74 064.2
	(15)	(19)	(15)	(19)
Rho(S.E.)	0.065	0.051	0.064	0.050
	(0.244)	(0.246)	(0.243)	(0.245)

注：所有回归的被解释变量是不同城市行业的企业退出率(Exit)。*、** 和 *** 分别表示 10%、5% 和 1% 的统计水平。括号里值为标准误。

（2）相关行业多样化指数的估计系数为负且在1%水平上统计显著，这表明相关行业多样化产生诸如知识溢出、中间投入品共享等集聚经济，从而减缓企业退出。这一结论支持了现有文献的发现。例如，Jesen et al.（2008）发现相关行业的技术多样性对企业存活率有显著的影响。

（3）相对于相关行业多样化指数，表6-2中的估计结果显示非相关行业多样化指数的估计系数为正且在1%统计水平上显著。这说明，非相关行业多样化虽然分散风险，但由于不能够产生足够的集聚经济，所以当面临特定行业的需求冲击时，企业退出的可能性加大。

（4）在估计中，作者还考虑三组城市行业特征变量。地区行业的企业进入率被发现对企业退出率具有显著的正影响，这与现有文献的发现一致（譬如，Cainelli et al.，2013）。城市行业产品出口程度和劳动生产率对企业退出率都具有显著负影响。这说明，在产品出口程度比较高和生产率水平比较高的地区和行业，企业比较容易分享到溢出效应，不太容易退出。

（5）除了行业特征外，作者还考虑了其他的城市特征变量对企业退出率的影响。估计结果显示，城市人口密度对企业退出具有显著负效应。该结果比较符合Feldman and Audrestch（1999）的发现。其研究发现城市化经济对当地经济增长有着显著正影响的结论。城市教育水平对企业退出具有显著负效应，说明人力资本外部性比较强的地区，企业也不容易退出。

（6）另外，作者还考虑了道路交通分布密度对企业退出的影响。结果显示，城市道路交通分布密度对企业退出率具有正影响，但是系数在统计水平上不显著。

6.6 估计结果的稳健性检验

基于上述估计结果,作者还进行了稳健性分析。首先,作者考虑潜在异方差问题。作者重新估计了表 6-2 中(2)列的结果,并使用 Bootstrap 方法来计算聚类稳健标准差,结果发现各个变量估计系数的符号和统计显著性与基本估计结果一致,见表 6-3 第(1)列。

表 6-3　不同城市不同行业企业退出率的影响因素分析:稳健性分析

估计方法: 面板 Tobit 模型	面板 Tobit 模型 (Bootstrap)	面板 Tobit 模型, Intpoints(48)	面板 FE
	(1)	(2)	(3)
Specialization	0.011***	0.011***	0.006***
	(0.002)	(0.002)	(0.001)
$Specialization^2$	−0.0008***	−0.0008***	−0.0003***
	(0.0003)	(0.0002)	(0.00007)
Related variety	−0.001***	−0.001***	−0.001*
	(0.0004)	(0.0005)	(0.0005)
Unrelated variety	0.003***	0.003***	0.003***
	(0.0005)	(0.0005)	(0.0005)
Entry_rate	0.012	0.012	0.063***
	(0.009)	(0.008)	(0.004)
Industrial export propensity	−0.057***	−0.057***	−0.063***
	(0.007)	(0.006)	(0.004)
Industrial productivity(in logs)	−0.020***	−0.020***	−0.008***
	(0.002)	(0.002)	(0.001)
Local population density(in logs)	−0.006***	−0.006***	−0.005*
	(0.002)	(0.002)	(0.003)
Local education level(in logs)	−0.007***	−0.007***	−0.003*
	(0.002)	(0.002)	(0.001)

续表

估计方法： 面板 Tobit 模型	面板 Tobit 模型 (Bootstrap)	面板 Tobit 模型， Intpoints(48)	面板 FE
	(1)	(2)	(3)
Local highway density (in logs)	0.001	0.001	0.006**
	(0.003)	(0.002)	(0.003)
Year dummy	是	是	是
样本数	53 777	53 777	53 777
未审查样本数	23 296	23 296	
左审查样本数	23 577	23 577	
右审查样本数	6 904	6 904	
Log pseudolikelihood	−11 576.4	−11 576.4	R^2 0.792
Wald χ^2 (d.f.)	9 492.7 (19)	74 001.1 (19)	F 值 12 375.0
Rho (S.E.)	0.051 (0.245)	0.051 (0.246)	

注：所有回归的被解释变量是不同城市行业的企业退出率(Exit)。*、** 和 *** 分别表示 10%、5% 和 1% 的统计水平。括号里为标准误。

接着，作者检验估计结果是否受到似然估计的积分点影响。Stata 中进行面板 Tobit 估计时采用 Gauss-Hermite 积分来计算似然函数，并默认积分点(integration points)为 12。作者分别验证了积分点为 8 到 48 区间。由于篇幅限制，作者在表 6-3 的(2)列中只报告了积分点为 48 的估计结果。和表 6-2 中(2)列的估计结果基本一致，各变量的估计系数符号和统计显著性差异甚微，从而保证了基本估计结果与似然估计中的积分点选择没有关系。

最后，作者采用面板固定效应模型来检验基本估计结果。面板固定效应估计中不考虑被解释变量为 0 和 1 的样本。表 6-3 中第(3)列报告了使用面板固定效应估计得到的结果。作者发现,和基本估计结果相比,面板固定效应中各变量的估计系数的符号和显著性没有太大改变,但是大部分变量的估计系数值变小了。这说明,在受限因变量估计中,面板固定效应的参数估计向下偏误,符合计量经济学基本推断。

6.7 结论

本章中作者利用中国工业企业数据库中的企业数据检验了产业空间集聚对不同城市二位码行业的企业退出率的影响。作者证实了产业空间集聚有助于减少企业退出。本章的另一重要贡献就是区分了不同产业集聚经济对企业退出的影响。实证结果表明,城市地方化经济对企业退出影响呈现非线性关系,即随着地方化经济水平提高,初期会加剧地方竞争,引发企业退出,随着地方化经济水平的进一步提高,其产生的集聚经济会增强,从而有助于减少企业的退出。就城市化经济而言,作者分别检验了相关行业多样化和非相关行业多样化对企业退出的影响。作者发现前者有助于减少企业退出,而后者则加剧企业退出。另外,作者还考察了城市行业的其他特征对企业退出的影响。

本章的研究具有文献价值。其一方面丰富了现有关于集聚经济对经济增长影响的研究。现有文献主要探讨空间集聚经济对当地经济增长、企业TFP、本地工资水平以及新企业进入等影响。而本章则增加了一个新的视角,即探讨产业空间集聚和本地企业退出的关系。另一方面,本章的研究也丰富了现有关于企业退出的研究。企业退出一直是产业组织领域的重要命题,但是现有文献主要关注企业自身特征和行业特征对企业退出的影响。本章则探讨了地区层面的经济特征如何解释不同地区企业退出率的差异。

本章揭示了产业空间集聚有助于减少企业退出。该研究结果具有很重要的政策意义。在中国,很多地方通过建立产业园区或者开发区来培育本地新兴支柱产业。本章的研究结果表明,只有产业园区或者开发区形成持续的产业集聚外部性,才能吸引新生企业的进入,也能增加外部冲击下新生企业的生存概率。对于地方产业政策指向来说,只有不断提高产业集聚程度,形成有竞争力的产业集群才能推动本地经济的发展。

第七章

中国产业空间分布的变化趋势：
从"中心—外围"走向"倒 U 型"？

改革开放以后，非均衡发展战略成为中国区域发展的主要思路。非均衡发展战略发挥了地区比较优势，提高了经济运行效率，但是也使得不同地区经济增长出现了差距。经济学者们关心的是：地区间发展差距是暂时现象，还是会随着时间变化呈现减缓趋势？Myrdal(1957)运用循环累积因果理论解释了经济发展过程中地区间差距的演变机制。根据他的理论，经济增长并不是在所有空间上同时产生的，而是从一两个地区先开始的，可能是这些地区初始条件比较好，或者是历史的偶然。一旦这些地区经历优先发展，就会通过累积的内外部规模经济继续向前发展，并不断拉大地区间发展的差距。增长地区和落后地区的空间相互作用会产生两种相反的效应，即回流效应和扩散效应。在前者作用下，生产要素从经济落后地区向发达地区流动，地区间发展差距增大；在后者作用下，生产要素的流向刚好相反，即从发达地区流向落后地区，使得地区间差距缩小。因此，地区间发展差距取决于上述两种效应的相对大小。当回流效应大于扩散效应时，地区间差距不断加剧，最终形成"中心—外围"的区域发展格局；而当扩散效应高于回流效应时，地区间经济发展呈均衡状态。Hirschman(1958)也认为地区间不平等是经济增长的必然过程。其提出了与回流效应和扩散效应相对应的极化效应和涓滴效应来解释地区间差距形成机制。Krugman(1991a)在一般均衡框架下,解释了规模经济、要素流动和运输成本的共同作用会使得具有规模报酬递增的产业不断集聚于本地市场比较大的区位,最终形成"中心—外围"的产业空间分布格局。

相对于"中心—外围"的学说,还有一批经济学者则认为,地区发展差异随着经济发展水平呈现倒U型变化。Kuznets(1955)提出了经济增长和收入差距变化关系的"倒U型"假说,即在经济发展早期,人均财富增长使得收入差距拉大,短暂稳定后,收入差距开始缩小。Kuznets认为在经济发展早期,只有少数工业部门的工人享受到物质资本投入增加的好处,而农业部门的工人获益较少,因此人均收入差距扩大。但是到了经济发展后期,越来越多的人从农业部门转移到工业部门,出现了收入再分配,不同部门之间的收入差距缩小。Williamson(1965)运用该机制来解释地区间收入差距。他认为,工业化的出现源自于人们对煤炭和铁等自然资源的发现和利用,但是这些自然资源在空间上的分布是不均等的,因此工业化进程及其带来的财富存在地区差异。自然资源丰裕的地区,工业化最早发生,增长也比较快,而那些自然资源不足的地区的经济发展则相对落后。但是,到了发展后期,经济发达的地区不断吸引落后地区的劳动力,减缓本地工资上涨的趋势,而落后地区因为劳动力流出而工资上升,结果是地区间的收入差距开始缩小。

自改革开放以来,在非均衡发展战略指引下,中国的沿海地区聚集了大部分人口和产业活动,地区间经济差距在1990年以后不断拉大,呈现出"中心—外围"的空间格局。2000年以后,为了保持地区间经济的

第七章　中国产业空间分布的变化趋势：从"中心—外围"走向"倒 U 型"？

协调发展,中国先后出台了"西部大开发""东北老工业基地崛起"和"中部崛起"等一系列发展战略。与此同时,随着劳动力和土地成本的上升以及 2008 年金融危机造成的冲击,东部沿海地区纷纷调整产业结构,一些劳动密集型产业开始向内地省份迁移。内部外部市场环境的变化是否会减缓中国地区间经济发展差距,使得中国经济发展空间格局从"中心—外围"向"倒 U 型"演变呢？在本章里,作者将从不同产业在地区间分布变化的角度展开对这一问题的讨论。作者首先基于本书的研究结论,总结过去三十多年中国经济发展的空间特征,然后提出对中国产业空间分布格局演变的发展趋势的判断及其政策建议。

7.1　中国产业空间分布的特征：1980—2010

在本书中,作者从地区专业化水平、产业空间集聚、产业空间流动、新生企业空间分布和企业退出等角度描述了改革开放以来中国产业空间分布的特征和演变及其和地区经济发展的关系。自 1978 年来,中国从计划经济向市场经济转轨,市场机制逐渐成为资源分配的重要手段,地区间贸易和产业间贸易不断提高,区位优势引导着中国产业的空间分布。利用 1980—2010 年间中国省级范围的二位码制造业数据,本书里作者一方面考察了不同地区间产业结构的相对差异,即地区专业化水平；另一方面作者考察了不同产业在不同地区间的分布情况,即产业空间集聚程度。作者发现在过去三十多年里,中国地区专业化水平和产业空间集聚水平都呈现上升走势,而经济改革后,国内市场一体化的提高是引起地区专业化水平和产业空间集聚程度变化的重要因素。经济改革使得要素的空间配置和企业的选址行为更多依赖市场机制，地区间贸易变得重要，因而在空间上各个地区都得以依赖各自比较优势进行生产，区域间分工的趋势增强。当然，本书中作者也强调，渐进性改革过程中出现了诸如"地方保护主义"等非市场导向的扭曲，其对区域间专业化分工产生了负面影响。本书的研究发现，经济改革释放的马歇尔外部性不仅是中国产业空间不断集聚的重要原因，还是产业空间集聚的重要后果，即随着产业集聚水平的提高，企业更加倾向于产业间的垂直分工。这说明，市场机制的引进不但增强了地区间贸易，还使得产业内贸易在企业空间定位中变得重要。

本书关注的另一问题是产业空间集聚和地区经济增长的关系。在计划经济时期，工业企业的空间选址更多依赖于政府的行政命令。譬如"三线"建设时期，出于国防安全的考虑，很多大工业企业的选址基本遵从靠山、分散和隐蔽的原则，因而在非常不经济的内陆地区选址。改革开放以后，在市场化和全球化力量作用下，中国的产业在地理分布上发生了显著变化，更多企业出于运输成本和接近世界市场的考虑开始向沿海地区集聚。本书中，作者考察了经济改革以后产业空间流动的过程和其对不同地区产业不均衡增长的影响。结果发现，沿海地区是过去三十多年里产业空间流动的最大受益者：在经济改革初期，产业空间流动使得沿海地区取代东北、中部和西南等省份成为很多产业的生产中心；随着改革和开放的推进，沿海地区利用累积的集聚经济，继续吸引更多制造业企业的进入，并成为全球制造业产业中心。另一方面，作者利用近年的数据检验了产业集聚对新生企业在地区间分布的影响。数据表明，中国新生企业大多数分布沿海省份，如山东、江苏、浙江等。通过实证分析,作者发现地区间经济集聚环境的差异,包括行业在某地区的中间投入品强度、最终消费者关联强度、劳动力市场共享程度和知识溢出强度等,是引起新生企业在空间上不均衡分布的重要因素。另外,作者还发现了地区间不同行业的所有制结构对新生企业空间布局的影响。研究结果显示,国有企业比例高会削弱上述地区集聚经济对本地本行业新生企业活动的激发作用。本书还从企业退出角度来考察产业空间集聚和地区增长的关系。研究表明,经济集聚程度比较高的地方,企业存活的可能性比较高。

在本书中,作者还提供了近年来中国产业空间分布的一些新变化的证据,主要表现为地区专业化和产业空间集聚程度的上升趋势趋缓,且沿海地区从产业流动中获益减少而中部地区获益增加。这些新的变化印证了现有文献中关于部分产业从沿海向内地迁移的事实。例如,Bao et al.(2013)考察了中国 1998—2009 年间产业空间转移情况,发现在 148 个三位码制造业产业中,近 10% 的产业经历了由沿海向内地的迁移,其中一半以上属于劳动密集型产业,包括屠宰和肉加工、丝绸纺织及精加工和竹、藤、棕、草制品制造等。

7.2 地区间产业分布的倒 U 型的拐点到了吗?

根据本书的发现,在过去三十多年里,中国的产业活动重心依然在沿海地区。那么,在今后一段时期内,是否会有更多产业由沿海走向内地,产业是否会由集聚走向分散,从而缩小沿海和内地经济增长的差距呢?

首先，区域发展战略在中国地区间产业发展中一直扮演着重要的作用。从1999年实施西部大开发战略起，中央政府先后批准和批复了多项平衡地区经济发展差距的战略和规划。这些战略规划能否引导工业企业从沿海转移至内地是判断倒U型拐点是否到来的重要依据。一些研究评估了西部大开发政策对区域发展的影响，发现该政策对缩小地区间经济发展差距的作用有限。譬如，Golley(2007)发现在西部大开发政策实施后，中央政府没有对西部省份给予足够投资，同时也没有鼓励其他来源的投资进入西部地区，而且中央政府也缺乏培育西部地区市场机制的措施。因此，从这个意义上来说，西部大开发政策没有充分让西部省份获得足够的投资，使得西部地区未能有效承接到东部地区经济产生的溢出效应。Ke(2010)考察了影响西部省份和东部沿海地区经济增长的因素。他的研究结果表明，尽管物质资本投入带来西部地区的经济增长，但是和东部地区相比，西部地区的劳动生产率仍然很低。他的研究还发现，西部地区的中心城市对周边中小城市的辐射效应也远远低于东部地区的中心城市。2005年以来，中央政府批准和批复了较多的区域规划，包括"综合配套改革试验区"规划和"国家战略层面的区域规划"。这些批准的区域规划主要集中在沿海地区，可见沿海省份仍然是中央政府区域调控的主要区域。因此，尽管在中国区域总体发展战略调整下，内地的投资增长明显，但是生产率水平并没有足够提高，对生产要素的吸引力仍然不如东部沿海地区。

其次，从产业空间分布的决定因素角度来说，地区的市场可进入性，即周边地区的市场潜力，是决定企业选址的重要因素。改革开放以后，东部沿海地区凭借接近国际市场的优势吸引了很多内地企业迁移至广

第七章 中国产业空间分布的变化趋势:从"中心—外围"走向"倒 U 型"?

东、江苏等沿海地区,并在这些省份形成自我集聚,这是关于市场可进入性的一个很好的例证。另外一个重要的例子就是北美自由贸易区建立后,墨西哥的部分制造业由首都墨西哥城迁移至和美国交界的边境城市,并带动当地城市经济增长,该例子说明了市场可进入性对企业选址的重要性。根据最新的研究,市场可进入性在中国制造业空间转移中起着决定性作用(Bao et al.,2013)。从这个意义上说,相比于内陆地区,东部沿海地区尽管土地成本和劳动力成本较高,但凭着人口密度高、市场需求旺盛和地理交通便利等优势,仍然是大部分制造业企业愿意集聚的地方。而在中国加入 WTO 后,东部沿海地区积累的优势更加突出。

总结来说,虽然在最近一段时间内,部分产业开始从沿海省份向内地尤其是中部地区转移,但短期内制造业的空间分布的重心仍然会在沿海地区。从这个意义上来说,要想通过产业的空间梯度转移驱动中西部地区的经济发展,对中央政府而言,政策着力点在于增强本国市场需求,提高地区尤其是中西部地区的市场可进入性。

具体来说,中央政府需要继续投入交通基础设施建设和构建区域性交通网络,以提高内地省份的市场可进入性,从而增强其对劳动密集型和需求导向型的制造业企业的吸引力。但是,除了交通基础设施投资外,还要提高跨地区劳动力流动。Robert et al.(2012)评估了过去二十多年中国高速公路网络对地区间经济发展差距的作用。他们的研究发现,从短期效果来说,高速公路交通网提高了中国的人均收入水平,但对缩小地区间收入差距的作用有限。根据他们的判断,如果跨地区人口流动程度大幅提高,高速道路交通网络对中西部地区经济发展的推动作用将显著提高。

另一方面,地方政府需要重视人力资本的投资。当地人力资本水平的提高,会创造更多的本地需求,从而吸引更多经济活动和人口的进入。在过去很长一段时间内,依靠中央政府的基础设施投入和财政专项转移支付,中西部地区的物质资本投资明显提高,短期内促进了GDP的增长,但是没有重视人力资本的投资。经济理论认为,吸纳劳动力从农业部门转向非农业部门的同时要不断通过壮大城市经济来提高他们的技能,只有这样才会使得市场产生足够大的规模经济来转移更多的农业劳动力进入城市,实现从传统农业社会完全过渡到工业化社会(Lucas,2004)。最近一项关于中国地区劳动力转移的研究发现,在中国,教育程度高的劳动力倾向于迁移至人力资本高的地区,而教育水平低的劳动力的移民没有明显的区位指向(Fu and Gabriel,2012)。这说明,一个地区重视人力资本水平的积累,有利于吸引更多高素质人才的进入,提高本地城市化经济水平和生产率水平的提高。

参考文献

英文文献

[1] Abdel, J. R., and Deitz, R. (2012), "Agglomeration and job matching among college graduates", *Federal Reserve Bank of New York Staff Report* 587.

[2] Abdel-Rahman, H., and Fujita, M. (1990), "Product variety, Marshallian externalities, and city sizes", *Journal of Regional Science* 30(2):165–183.

[3] Acemoglu, D. (1997), "Training and Innovation in an imperfect labor market", *Review of Economic Studies* 64(3):445–464.

[4] Ades, A. F., and Glaeser, E. L. (1996), "Evidence on growth, increasing returns, and the extent of the market", *Quarterly Journal of Economics* 114(3):1025–1045.

[5] Aghion, P., Burges, R., Redding, S. J., and Zilibotti, F. (2008), "The unequal effects of liberalization: evidence from dismantling the License Raj in India", *American Economic Review* 98: 1397–1412.

[6] Amiti, M. (1999), "Specialization patterns in Europe", *Weltwirtschaftliches Archiv* 135(4):573–593.

[7] Anderson, F., Burgess, S., and Lane, J. I. (2007), "Cities, matching and the productivity gains of agglomeration", *Journal of Urban Economics* 61: 112–128.

[8] Andersson, R., Quigley, R. M., and Wilhelmsson, M. (2005), "Agglomeration and the spatial distribution of creativity", *Papers in Regional Science* 84(3):445–464.

[9] Andini, M., de Blasio, G., Duranton, G., and Strange, W. C. (2013), "Marshallian labor market pooling: evidence from Italy", *Regional Science and Urban Economics* 43:1008–1022.

[10] Arellano, M., and Bond, S. (1991), "Some tests of specification for panel data: Monte Carlo evidence and an application to employment equations", *Review of Economic Studies* 58(2):277–297.

[11] Arellano, M., and Bover, O. (1995), "Another look at the instrumental variable estimation of error-components models", *Journal of Econometrics* 68(1):29–51.

[12] Attaran, M. (1986), "Industrial diversity and economic performance in U. S. areas", *Annals of Regional Science* 20:44–54.

[13] Audretsch, D. (1995), *Innovation and Industry Evolution*, Cambridge: The MIT Press.

[14] Audretsch, D. B., and Feldman, M. P. (1996), "R&D spillovers and the geography of innovation and production", *American Economic Review* 86(3):630–640.

[15] Audretsch, D. B., and Feldman, M. P. (2004), "Knowledge spillovers and the geography of innovation", In: Henderson, J. V., and Thisse, J.-F. (Eds.), *Handbook of Regional and Urban Economics*, vol. 4, Amsterdam: Elsevier:2713–2740.

[16] Austin, J. S., and Rosenbaum, D. I. (1990), "The determinants of entry and exit rates into U. S. manufacturing industries", *Review of Industrial Organization* 5(2):211-223.

[17] Bai, C., Du, W., Tao, Z., and Tong, S. Y. (2004), "Local protectionism and regional specialization: evidence from China's industries", *Journal of International Economics* 63(2):397-417.

[18] Bai, C., Tao, Z., and Tong, Y. S. (2008), "Bureaucratic integration and regional specialization in China", *China Economic Review* 19:308-319.

[19] Baldwin, J. R., Brown, W. M., and Rigby, D. L. (2010), "Agglomeration economies: microdata panel estimates from Canadian manufacturing", *Journal of Regional Science* 50(5):915-934.

[20] Baldwin, R. E., and Okudo, T. (2006), "Heterogeneous firms, agglomeration and economic geography: spatial selection and sorting", *Journal of Economic Geography* 6:323-346.

[21] Banerjee, A., Duflo, E., and Qian, N. (2012), "On the road: access to transportation infrastructure and economic growth in China", *NBER Working Paper* 17897.

[22] Bao, C., Chen, Z., and Wu, J. (2013), "Chinese manufacturing on the move: factor supply or market access", *China Economic Review* 26:170-181.

[23] Barro, R. J., and Sala-I-Martin, X. (1991), "Economic growth in a cross section of countries", *Quarterly Journal of Economics* 106(2):407-443.

[24] Barro, R. J., and Sala-I-Martin, X. (1995), *Economic Growth*, New York: McGraw-Hill.

[25] Beaudry, C., Schiffauerova, A. (2009), "Who's right, Marshall or Jacobs? The localization versus urbanization debate", *Research Policy* 38(2): 318-337.

[26] Berliant, M., Reed III, R. R., and Wang, P. (2006), "Knowledge exchange, matching, and agglomeration", *Journal of Urban Economics* 60:69-96.

[27] Blanchflower, D., and Oswald, A. (1998), "What makes an entrepreneurship?", *Journal of Labor Economics* 16:26-60.

[28] Blundell, R., and Bond, S. (1998), "Initial conditions and moments restrictions in dynamic panel data models", *Journal of Econometrics* 87(1):115-143.

[29] Brandt, L., Biesebroek, J. V., and Zhang, Y. (2012), "Creative accounting or creative destruction? firm-level productivity growth in Chinese manufacturing", *Journal of Development Economics* 97(2):339-351.

[30] Breitenecker, R., and Schwarz, E. (2011), "Detecting spatial heterogeneity in predictors of firm star-up activity of Austria with geographically weighted regression", *International Journal of Entrepreneurship and Small Business* 12(3):290-299.

[31] Brülhart, M. (2001), "Evolving geographical concentration of European manufacturing industries", *Weltwirtschaftliches Archiv* 137(2):215-243.

[32] Brülhart, M., Crozet, M., and Koenig, P. (2004), "Enlargement and the EU periphery: the impact of changing market potential", *The World Economy* 27(6):853-875.

[33] Cai, F., Wang, D., and Du, Y. (2002), "Regional disparity and eco-

nomic growth in China: the impact of labor market distortions", *China Economic Review* 13:197 - 212.

[34] Cainelli, G., Mntresor, S., and Marzetti, G. V. (2010), "Firm exit and spatial agglomeration: evidence on the resilience of Italian provinces", SSRN Working Paper 1709034.

[35] Cainelli, G., Mntresor, S., and Marzetti, G. V. (2013), "Spatial agglomeration and firm exit: a spatial dynamic analysis for Italian provinces", *Small Business Economics* (forthcoming).

[36] Candelaria, C., Daly, M., and Hale, G. (2013), "Persistence of regional inequality in China", Federal Reserve Bank of San Francisco Working Paper 2013 - 06.

[37] Catin, M., Luo, X., and Huffel, C. V. (2005), "Openness, industrialization and geographic concentration of activities in China", *World Bank Policy Research Working Paper* 3706.

[38] Cefis, E., and Marsili, O. (2006), "Survivor: the role of innovation in firms' survival", *Research Policy* 35(5):626 - 641.

[39] Chinitz, B. (1961), "Contrasts in agglomeration: New York and Pittsburgh", *American Economic Review* 51(2):279 - 289.

[40] Chu, J., and Zheng, X. (2013), "China's fiscal decentralization and regional economic growth", *Japanese Economic Review* 64(4):537 - 549.

[41] Combes, P.-P. (2000), "Economic structure and local growth: France, 1984—1993", *Journal of Urban Economics* 47(3):329 - 355.

[42] Combes, P.-P., and Overman, H. G. (2004), "The spatial distribution

of economic activities in the European Union", In: Henderson, J. V., and Thisse, J. -F. (Eds.), *Handbook of Regional and Urban Economics*, vol. 4, Amsterdam: Elsevier: 2845 – 2910.

[43] Combes, P. -P., Duranton, G., Gobillon, G., Gupa, D., and Roux, S. (2012), "The productivity advantage of large cities: distinguishing agglomeration from firm selection", *Econometrica* 80(6):2543 – 2594.

[44] Coşar, A. K., and Fajgelbaum, P. D. (2013), "Internal geography, international trade, and regional specialization", NBER Working Paper 19697.

[45] Costa, D. L., and Kahn, M. E. (2000), "Power couples' changes in location choices of the college educated", *Quarterly Journal of Economics* 115(4):1287 – 1315.

[46] Costinot, A. (2009), "An elementary theory of comparative advantage", *Econometrica* 77(4):1165 – 1192.

[47] Crescebzi, R., Nathan, M., and Rodríguez-Pose, A. (2014), "Do inventors talk to strangers? on proximity and collaborative knowledge creation", SERC Discussion Papers 0153.

[48] Crozet, M., Soubeyran, P. K. (2004), "EU enlargement and the internal geography of countries", *Journal of Comparative Economics* 32:265 – 279.

[49] Davis, S., Haltiwanger, J., and Schuh, S. (1996), *Job Creation and Construction*, Boston, MA: MIT Press.

[50] Démurger, S. (2001), "Infrastructure development and economic growth: an explanation for regional disparities in China", *Journal of Comparative Economics* 29:95 – 117.

[51] Démurger, S., Sachs, J. D., Woo, W. T., Bao, S. Chang, G., and Mellinger, A. (2002), "Geography, economic policy, and regional development in China", *NBER Working Paper* 8897.

[52] Disney, D., Haskel, J., and Heden, Y., (2003), "Entry, exit and establishment survival in UK manufacturing", *Journal of Industrial Economics* 51(1):91-112.

[53] Dougherty, S., Herd, R., and He, P. (2007), "Has a private sector emerged in China's industry? evidence from a quarter of a million Chinese firms", *China Economic Review* 18:309-334.

[54] Duetsch, L. L. (1984), "An examination of industry exit patterns", *Review of Industrial Organization* 1(1):60-68.

[55] Dumais, G., Ellison, G., and Glaeser, E. L. (2002), "Geographic concentration as a dynamic process", *Review of Economics and Statistics* 84(2):193-204.

[56] Dunne, T., Roberts, M. J., and Samuelson, L. (1988), "Patterns of firm entry and exit in U. S. manufacturing industries", *The Rand Journal of Economics* 19(4):495-515.

[57] Duranton, G., and Puga, D. (2001), "Nursery cities: urban diversity, process innovation, and the life cycle of products", *American Economic Review* 91(5):1454-1477.

[58] Duranton, G., and Puga, D. (2004), "Micro-foundation of urban agglomeration economies", In: Henderson, J. V., and Thisse, J. -F. (Eds.), *Handbook of Regional and Urban Economics*, vol. 4, Amsterdam: Elsevier:2063-2118.

[59] Duranton, G., and Overman, H. G. (2008), "Exploring the detailed location patterns of U. K. manufacturing industries using microgeographic data", *Journal of Regional Science* 48(1):213 – 243.

[60] Ellison, G., Glaeser, E. (1997), "Geographic concentration in U. S. manufacturing industries: a dartboard approach", *Journal of Political Economy* 105(5):889 – 927.

[61] Ellison, G., Glaeser, E., and Kerr, W. R. (2010), "What causes industry agglomeration? evidence from coagglomeration patterns", *American Economic Review* 100:1195 – 1213.

[62] Evans, D., and Jovanovic, B. (1989), "An estimated model of entrepreneurial choice under liquidity constraints", *Journal of Political Economy* 97(4):808 – 827.

[63] Fan, C. C. (2005), "Of belts and ladders: state policy, and uneven regional development in Post-Mao China", *Annals of the Association of American Geographers* 85(3):42 – 449.

[64] Fan, C. S., and Wei, X. (2006), "The law of one price: evidence from the transitional economy in China", *Review of Economics and Statistics* 88(4):682 – 697.

[65] Fan, S., Kanbur, R., and Zhang, X. (2011), "China's regional disparities: experience and policy", *Review of Development Finance* 1:47 – 56.

[66] Feldman, M., and Audretsch, D. (1999), "Innovation in cities: science-based diversity, specialization, and localized competition", *European Economic Review* 43(2):409 – 429.

[67] Ferri, G., and Liu, Li. (2009), "Honor thy Creditors Beforan Thy Shareholders: are the profits of Chinese State-Owned Enterprises Real?", *Hongkong Institute for Monetary Research Working Paper* No. 16.

[68] Figueiredo, O., Guimarães, P., and Woodward, D. (2010), "Vertical disintegration in Marshallian industrial districts", *Regional Science and Urban Economics* 40:73 - 78.

[69] Frenken, K., Van Oort, F., and Verburg, T. (2007), "Related variety, unrelated variety and regional economic growth", *Regional Studies* 41(5):685 - 697.

[70] Fu, Y., and Gabriel, S. A. (2012), "Labor migration, human capital agglomeration and regional development in China", *Regional Science and Urban Economics* 42:473 - 484.

[71] Fuchs, V. R. (1962), "The determinants of the redistribution of manufacturing in the United States since 1929", *Review of Economics and Statistics* 44(2):167 - 177.

[72] Fujita, M., and Hu, D. (2001), "Regional disparity in China 1985—1994: the effects of globalization and economic liberalization", *Annals of Regional Science* 35:3 - 37.

[73] Fujita, M., Kruman, P., and Venables, A. J. (1999), *The Spatial Economy: Cities, Regions, and International Trade*, Cambridge, Massachusetts: The MIT Press.

[74] Fujita, M., Mori, T., Henderson, J. V. (2004), "Spatial distribution of economic activity in Japan and China", In: Henderson, J. V., and Thisse, J. -F.

(Eds.), *Handbook of Regional and Urban Economics*, vol. 4, Amsterdam: Elsevier:2911 – 2980.

[75] Gao, T. (2004), "Regional industrial growth: evidence from Chinese industries", *Regional Science and Urban Economics* 34:101 – 124.

[76] Gautier, P. A., and Teulings, C. N. (2009), "Search and the city", *Regional Science and Urban Economics* 39:251 – 265.

[77] Geroski, P. (1995), "What do we know about entry?", *International Journal of Industrial Organization* 13(4):421 – 440.

[78] Ghani, E., Kerr, W. R., and O'Connel, S. D. (2011), "Spatial determinants of entrepreneurship in India", *NBER Working Paper* 17514.

[79] Glaeser, E. L. (1999), "Learning in cities", *Journal of Urban Economics* 46:254 – 277.

[80] Glaeser, E. L., Kallal, H., Scheinkman, J., and Shleifer, A. (1992), "Growth in cities", *Journal of Political Economy* 100(1):126 – 152.

[81] Glaeser, E., and Kerr, W. R. (2009), "Local industrial conditions and entrepreneurship: how much of the spatial distribution can we explain?", *Journal of Economics and Management Strategy* 18(3):623 – 63.

[82] Glaeser, E., Rosenthal, S. S., and Strange, W. C. (2010), "Urban economics and entrepreneurship", *Journal of Urban Economics* 67:1 – 14.

[83] Greenstone, M., Hornbeck, R., and Moretti, E. (2010), "Identifying agglomeration spillovers: evidence from winners and losers of large plant openings", *Journal of Political Economy* 118(3):536 – 598.

[84] Griliches, Z. (1958), "Research costs and social returns: Hybrid corn

and related innovations", *Journal of Political Economy* 66:419 - 431.

[85] Grossman, G., and Helpman, E. (1991), "Quality ladders and product cycles", *Quarterly Journal of Economics* 106(2):557 - 586.

[86] Goldstein, G. S., and Gronberg, T. J. (1984), "Economies of scale and economies of agglomeration", *Journal of Urban Economics* 16:91 - 104.

[87] Golley, J. (2007), "China's western development strategy and nature vs nurture", *Journal of Chinese Economic and Business Studies* 5(2):115 - 129.

[88] Haaland, J. I., Kind, H. J., Midelfart-Knarvik, K. H., and Torstensson, J. (1999), "What determines the economic geography of Europe", *CEPR Working Paper* 2072.

[89] Haltiwanger, J., Jarmin, R. S., and Miranda, J. (2010), "Who creates jobs? small vs. large vs. young", *NBER Working Paper* 16300.

[90] Hanson, G. H. (1998a), "Regional adjustment to trade liberalization", *Regional Science and Urban Economics* 28:419 - 444.

[91] Hanson, G. H. (1998b), "North American economic integration and industry location", *Oxford Review of Economic Policy* 14(2):30 - 44.

[92] Hanson, G. H. (2001), "Scale economies and the geographic concentration of industry", *Journal of Economic Geography* 1:255 - 276.

[93] He, C., and Pan, F. (2010), "Economic transition, dynamic externalities and city-industry growth in China", *Urban Studies* 47(1):121 - 144.

[94] He, C., and Wang, J. (2012), "Does ownership matter for industrial agglomeration in China?", *Asian Geographer* 29(1):1 - 19.

[95] Heckscher, E. (1917), "The effects of foreign trade on the distribution

of income", In: Howard Sylvester Ellis and Lloyd A. Metzler(Eds.), *Readings in the Theory of International Trade*, Allen&Unwin, London: 270 – 300.

[96] Helsley, R., and Strange, W. C. (1990), "Matching and agglomeration economies in a system of cities", *Regional Science and Urban Economics* 38: 223 – 248.

[97] Helsley, R. W., and Strange, W. C. (2007), "Agglomeration, opportunism, and the organization of production", *Journal of Urban Economics* 62: 55 – 75.

[98] Henderson, J. V. (1974), "The size and types of cities", *American Economic Review* 64(4): 640 – 656.

[99] Henderson, J. V. (2003), "Marshallis scale economies", *Journal of Urban Economics* 53: 1 – 28.

[100] Henderson, J. V., and Thisse, J. -F. (Eds.) (2004), *Handbook of Regional and Urban Economics*, vol. 4, Amsterdam: Elsevier.

[101] Hischman, A. (1958), *The Strategy of Economic Development*, New Haven: Yale University Press.

[102] Holmes, T. J. (1999), "Localization of industry and vertical disintegration", *Review of Economics and Statistics* 81(2): 314 – 325.

[103] Honjo, Y. (2000), "Business failure of new firms: an empirical analysis using a multiplicative hazards model", *International Journal of Industrial Organization* 18: 557 – 574.

[104] Hoshino, M. (2011), "Measurement of GDP per capita and regional disparities in China, 1979—2009", *RIEB Discussion Paper Series*, Kobe Universi-

ty, DP2011 - 17.

[105] Hoover, E. M. (1948), *The Location of Economic Activity*, New York: McGraw-Hill.

[106] Hopenhayn, H. A. (1992), "Entry, exit, and firm dynamics in long run equilibrium", *Econmetrica* 60(5):1127 - 1150.

[107] Hsiao, C. (2003), *Analysis of Panel Data* (2nd Ed.), Cambridge: Cambridge University Press.

[108] Hu, D. (2002), "Trade, rural-urban migration and regional income disparity in developing countries: a spatial general equilibrium model inspired by the case of China", *Regional Science and Urban Economics* 32:311 - 328.

[109] Imbs, J., and Wacziarg, R. (2003), "Stages of diversification", *American Economic Review* 93(1):63 - 86.

[110] Jacobs, J. (1969), *The Economy of Cities*, New York: Vintage.

[111] Jaffe, A. B., Trajtenberg, M., and Henderson, R. M. (1993), "Geographic localization of knowledge spillovers as evidenced by patent citations", *Quarterly Journal of Economics* 108:577 - 598.

[112] Jensen, P., Webster, E., and Buddelmeyer, H. (2008), "Innovation, technological conditions and new firm survival", *Economic Record* 84(267): 434 - 448.

[113] Jian, T., Sachs, J. D., and Warner, A. M. (1996), "Trends in regional inequality in China", *China Economic Review* 7(1):1 - 21.

[114] Justman, M. (1994), "The effect of local demand on industry location", *Review of Economics and Statistics* 76(4):742 - 753.

[115] Kalemli-Ozcan, S. , Sørensen, B. E. , and Yosha, O. (2003), "Risk sharing and industrial specialization: regional and international experience", *American Economic Review* 93(3):903-918.

[116] Ke, S. (2010), "Determinants of economic growth and spread-backwash effects in western and eastern China", *Asian Economic Journal* 24(2): 179-202.

[117] Keller, W. (2002), "Geographic Pocalization of international technology diffusion", *American Economic Review* 92:120-142.

[118] Kerr, W. (2010), "The agglomeration of US ethnic inventors", In: Glaeser, E. L. (Eds.), *Agglomeration Economics*, Chicago: Chicago University Press:237-276.

[119] Knight, J. (2014), "Inequality in China: an overview", *World Bank Research Observer* 29(1):1-19.

[120] Kim, S. (1995), "Expansion of markets and the geographic distribution of economic activities: the trends in U. S. regional manufacturing structure, 1860—1987", *Quarterly Journal of Economics* 110(4):881-908.

[121] Kim, S. (1998), "Economic integration and convergence: U. S. regions, 1840—1987", *Journal of Economic History* 58(3):659-683.

[122] Kim, S. (2006), "Division of labor and the rise of cities: evidence from U. S. industrialization, 1850—1880", NBER Working Paper 12246.

[123] Kim, T. J. , and Knaap, G. (2001), "The spatial dispersion of economic activities and development trends in China: 1952—1985", *Annals of Regional Science* 35:39-57.

[124] Kranich, J. (2011), "Agglomeration, vertical specialization, and the strength of industrial linkages", *Papers in Regional Science* 90(1):159-179.

[125] Krugman, P. (1979), "Increasing returns, monopolistic competition, and international trade", *Journal of International Economics* 9:469-479.

[126] Krugman, P. (1980), "Scale economies, product differentiation, and the pattern of trade", *American Economic Review* 70(5):950-959.

[127] Krugman, P. (1991a), "Increasing returns and economic geography", *Journal of Political Economy* 99(3):483-499.

[128] Krugman, P. (1991b), *Geography and Trade*, Cambridge, Massachusetts: The MIT Press.

[129] Krugman, P. (1998), "What's new about the New Economic Geography", *Oxford Review of Economic Policy* 14(2):7-17.

[130] Krugman, P. (2009), "The increasing returns revolution in trade and geography", *American Economic Review* 99(3):561-571.

[131] Krugman, P., and Elizondo, R. L. (1996), "Trade policy and the third world metropolis", *Journal of Development Economics* 49:137-150.

[132] Kruman, P., and Venables, A. J. (1995), "Globalization and the inequality of nations", *Quarterly Journal of Economics* 110(4):857-880.

[133] Kuzents, S. (1955), "Economic growth and income inequality", *American Economic Review* 45(1):1-28.

[134] Li, B., and Lu, Y. (2009), "Geographic concentration and vertical disintegration: evidence from China", *Journal of Urban Economics* 65:294-304.

[135] Li, J., Bernhofen, D. M., Eberhardt, M., and Morgan, S. (2013), "Market integration and disintegration in Qing Dynasty China: evidence from time-series and panel time-series methods", *ETSG Working Paper No.* 060.

[136] Li, W., and Putterman, L. (2008), "Reforming China's SOEs: an overview", *Comparative Economic Studies* 50:353 – 380.

[137] Lin, J. Y., and Liu, Z. (2000), "Fiscal decentralization and economic growth in China", *Economic Development and Cultural Change* 49(1):1 – 21.

[138] Linder, S. B. (1961), *An Essay on Trade and Transformation*, New York: John Wiley and Sons.

[139] Lu, J., and Tao, Z. (2009), "Trends and determinants of China's industrial agglomeration", *Journal of Urban Economics* 65:167 – 180.

[140] Lu, M., and Wang, E. (2002), "Forging ahead and falling behind: changing regional inequalities in post-reform China", *Growth and Change* 33(1): 42 – 71.

[141] Lucas, R. E. (2004), "Life earnings and rural-urban migration", *Journal of Political Economy* 112(1):29 – 59.

[142] Luo, X. (2005), "Growth spillover effects and regional development patterns: the case of Chinese provinces", World Bank Policy Research Working Paper 3652.

[143] Marshall, A. (1920), *Principles of Economics*, London: Macmillan.

[144] Midelfart-Knarvik, K. H., Overman, H. G., Redding, S. J., and Venables, A. J. (2002), "Integration and industrial specialization in the European Union", *Revue économique* 53(3):469 – 481.

[145] Moretti, E. (2011), "Local labor markets", In: Ashenfelter, O., and Card, D. (Eds.), *Handbook of Labor Economics*, vol. 4, Amsterdam: Elsevier: 1237 – 1313.

[146] Myrdal, G. (1957), *Economic Theory and Underdeveloped Regions*, Essex: Gerald Duckworth.

[147] Naughton, B. (1998), "The Third Front: defence industrialitation in the Chinese interior", *China Quarterly* 115:351 – 386.

[148] Naughton, B. (2003), "How much can regional integration do to unify China's markets?", In: Hope, N. C., Tao, D. Y., and Li, M. (Eds.), *How Far across the River? Chinese Policy Reform at the Millennium*, Stanford, California: Stanford University Press:204 – 334.

[149] Ng., L. F., and Tuan, C. (2006), "Spatial agglomeration, FDI, and regional growth in China: locality of local and foreign manufacturing investments", *Journal of Asian Economics* 17:691 – 713.

[150] Nicita, A., and Olarreaga, M. (2007), "Trade, production and protection 1976—2004", *World Bank Economic Review* 21(1):165 – 171.

[151] North, D. (1955), "Location theory and regional economic growth", *Journal of Political Economy* 63(5):243 – 258.

[152] Oates, W. E. (1972), *Fiscal Federalism*, New York: Harcourt Brace Jovanovich.

[153] OECD(2009), *China: Defining the Boundary between the Market and the State*, See www.oecd.org/publishing/corrigenda.

[154] Ono, Y. (2007), "Market thickness and outsourcing services", *Re-*

gional Science and Urban Economics 37:220 - 238.

[155] O'Sullivan, A. (2007), *Urban Economics* (6th Ed), New York: McGraw-Hill.

[156] Overman, H. G., and Puga, D. (2010), "Labor pooling as a source of agglomeration: an empirical investigation", In: Glaeser, E. L. (Eds.), *Agglomeration Economics*, Chicago: Chicago University Press: 133 - 150.

[157] Owen, B., and Zheng, W. (2007), "China's competition policy reforms: the Antimonopoly Law and beyond", *Stanford Institute For Economic Policy Research Discussion Paper* No. 06 - 32.

[158] Panzar, J. C., and Willig, R. D. (1981), "Economies of scope", *Pap. Proc. American Economic Association* 71:268 - 272.

[159] Philips, K. L., and Shen, K. (2005), "What effect does the size of the state-owned sector have on regional growth in China", *Journal of Asian Economics* 15:1079 - 1102.

[160] Poncet, S. (2003), "Measuring Chinese domestic and international integration", *China Economic Review* 14:1 - 21.

[161] Poncet, S. (2005), "A fragmented China: Measure and determinants of Chinese domestic market disintegration", *Review of International Economics* 13(3):409 - 430.

[162] Porter, M. E. (1979), "How competitive forces shape strategy", *Harvard Business Review*, March/April:2 - 10.

[163] Porter, M. E. (1990), *The Competitive Advantage of Nations*, New York: Free Press.

[164] Porter, M. E. (2003), "The economic performance of regins", *Resinal strclies* 37(6&7):549 – 578.

[165] Puga, D. (1999), "The rise and fall of regional inequalities", *European Economic Review* 43:303 – 334.

[166] Puga, D. (2010), "The magnitude and causes of agglomeration economies", *Journal of Regional Science* 50(1):203 – 219.

[167] Qian, Y., and Roland, G. (1996), "The soft budget constraint in China", *Japan and the World Economy* 8:217 – 23.

[168] Redding, S. J., and Sturm, D. M. (2008), "The cost of remoteness: evidence from German division and reunification", *American Economic Review* 98(5):1766 – 1797.

[169] Roberts, M., Deichmann, U., Fingleton, B., and Shi, T. (2012), "Evaluating China's road to prosperity: a new economic geography approach", *Regional Science and Urban Economics* 42:580 – 594.

[170] Roodman, D. (2006), "How to do Xtabond2: an introduction to 'Difference' and 'System' GMM in Stata", *Center for Global Development Working Paper No.* 103.

[171] Rosenthal, S. S., and Strange, W. C. (2001), "The determinants of agglomeration", *Journal of Urban Economics* 50:191 – 229.

[172] Rosenthal, S. S., and Strange, W. C. (2004), "Evidence on the nature and sources of agglomeration economies", In: Henderson, J. V., and Thisse, J. -F. (Eds.), *Handbook of Regional and Urban Economics*, vol. 4, Amsterdam: Elsevier:2119 – 2272.

[173] Rotemberg, J. J., and Saloner, G. (2000), "Competition and human capital accumulation: a theory of interregional specialization and trade", *Regional Science and Urban Economics* 30:373-404.

[174] Serafinelli, M. (2013), "Good firms, worker flows and productivity", *MPRA Working Paper* No. 47508.

[175] Staber, U. (2001), "Spatial proximity and firm survival in a declining industrial district: the case of knitwear firms in Baden-Württemberg", *Regional Studies* 35(4):329-341.

[176] Stigler, G. J. (1951), "The division of labor is limited by the extent of the market", *Journal of Political Economy* 59(3):185-193.

[177] Storper, M., Chen, Y., and De Paolis, F. (2002), "Trade and the location of industries in the OECD and European Union", *Journal of Economic Geography* 2:73-107.

[178] Thompson, P., and Fox-Kean, M. (2005), "Patent citations and the geography of knowledge spillovers: A reassessment", *American Economic Review* 95(1):450-460.

[179] Vernon, R. (1972), "External economies", In: Edel, M., and Rothenberg, J. (Eds.), *Readings in Urban Economics*, New York: Macmillan.

[180] Wan, G., Lu, M., and Chen, Z. (2007), "Globalization and regional income inequality: Empirical evidence from within China", *Review of Income and Growth* 53(1):35-59.

[181] Weber, A. (1909), *The Theory of the Location of Industries*, Chicago: Chicago University Press.

[182] Wei, S. (1993), "The open door policy and China's rapid growth: evidence from city-level data", In: Ito, T., and Krueger, A. O. (Eds.), *Growth Theories in Light of the East Asian Experience*, *NBER-EASE*, vol. 4 Chicago: University of Chicago: 73 – 104.

[183] Wei, Y. D. (2000), *Regional Development in China: States, Globalization, and Inequality*, New York: Routldge.

[184] Wen, M. (2004), "Relocation and agglomeration of Chinese industry", *Journal of Development Economics* 73: 329 – 347.

[185] Williamson, J. G. (1965), "Regional inequality and the process of national development: a description of the patterns", *Economic Development and Cultural Change* 13(4): 1 – 84.

[186] Windmeijer, F. (2005), "A finite example correction for the vaviance of linear efficient two-step GMM estimators", *Journal of Eanometrics* 64, 411 – 439.

[187] World Bank (1994), *China: Internal Market Development and Regulation*, Washington: The World Bank.

[188] World Bank (2005), *China: Integration of National Product and Factor Markets: Economic Benefits and Policy Recommendations*, World Bank Report No. 31973 – CHA.

[189] World Bank (2012), China 2030: Building a Modern, Harmonious, and Creative High-Income Society, *World Bank Report* (Conference Edition).

[190] Xu, X., and Voon, J. (2003), "Regional integration in China: a statistical model", *Economic Letters* 79(1): 35 – 42.

[191] Yang, D. (1990), "Patterns of China's regional development strategy," *The China Quarterly* 122:230 - 257.

[192] Yang, Q. G., Temple, P. (2012), "Reform and competitive selection in China: an analysis of firm exits", *Structural Change and Economic Dynamics* 23:286 - 299.

[193] Young, A. (1928), "Increasing returns and economic progress", *The Economic Journal* 38(152):527 - 542.

[194] Young, A. (2000), "The razor's edge: distortions and incremental reform in the People's Republic of China", *Quarterly Journal of Economics* 115:1091 - 1135.

[195] Yueh, L. (2011), "The Chinese box: the opaque economic borders of China's state", *Oxford Review of Economic Policy* 27(4):658 - 79.

[196] Zhang, Q., and Zou, H. (2012), "Regional disparity in contemporary China", *Annals of Economics and Finance* 13(1):113 - 137.

[197] Zhang, W. (2001), "Rethinking regional disparity in China", *Economics of Planning* 34(1 - 2):113 - 138.

[198] Zheng, S., Sun, C., Qi, Y., and Kahn, M. E. (2013), "The evolving geography of China's industrial production: implications for pollution dynamics and urban quality of life", *NBER Working Paper* 19624.

中文文献

[1] 白重恩、杜颖娟、陶志刚、全月婷(2004),"地方保护主义及产业地区集中度的决定因素和变动趋势",《经济研究》第4期,第29—40页。

[2] 蔡昉、王德文、王美艳(2002),"渐进式改革进程中的地区专业

化趋势,"《经济研究》第9期,第24—30页。

[3] 陈仲常、张建升(2005),"中国工业布局变迁与收入相关性分析",《财经研究》第31卷7期,第83—90页。

[4] 樊福卓(2007),"地区专业化的度量",《经济研究》第9期,第71—83页。

[5] 范剑勇(2004),"市场一体化、地区专业化与产业集聚趋势——兼谈对地区差距影响,"《中国社会科学》第6期,第39—51页。

[6] 范剑勇(2006),"产业集聚与地区间劳动生产率差异",《经济研究》第11期,第72—81页。

[7] 贺灿飞、潘峰华、孙蕾(2007),"中国制造业的地理集聚和形成机制,"《地理学报》第62卷第12期,第1253—1264页。

[8] 贺灿飞、谢秀珍、潘峰华(2008),"中国制造业省区分布及其影响因素,"《地理研究》第27卷第3期,第623—635页。

[9] 胡向婷、张璐(2005),"地方保护主义对地区产业结构的影响——理论与实证分析",《经济研究》第2期,第102—112页。

[10] 黄玖立、李坤望(2006),"对外贸易、地方保护和中国的产业布局",《经济学(季刊)》第5卷第3期,第733—760页。

[11] 李善同、侯永志、刘云中、陈波(2004),"中国国内地方保护问题的调查与分析",《经济研究》第11期,第78—85页。

[12] 林毅夫、蔡昉和李周(1999),《中国的奇迹:发展战略和经济改革》,上海人民出版社。

[13] 路江涌、陶志刚(2006),"中国制造业区域聚集及国际比较",《经济研究》第3期,第103—114页。

[14] 路江涌、陶志刚(2007),"我国制造业区域集聚程度决定因素的研究",《经济学(季刊)》第6卷第3期,第801—816页。

[15] 陆铭、陈钊(2006),《中国区域经济发展中的市场整合与工业集聚》,上海三联书店、上海人民出版社。

[16] 陆正飞、王雄元、张鹏(2012),"国有企业支付了更高工资吗?",《经济研究》第3期,第28—39页。

[17] 罗勇、曹丽莉(2005),"中国制造业集聚程度变动趋势实证研究",《经济研究》第8期,第106—115页。

[18] 清华大学课题组(2012),"中国大学生学习与发展"系列调研报告。

[19] 文玫(2004),"中国工业在区域上的重新定位和聚集",《经济研究》第2期,第84—94页。

[20] 吴建峰、符育明(2012),"经济集聚中马歇尔外部性的识别",《经济学(季刊)》第11卷第2期,第675—690页。

[21] 张建华、程文(2012),"中国地区产业化演变的U型规律",《中国社会科学》第1期,第76—97页。

[22] 张俊妮、陈玉宇(2006),"产业集聚、所有制结构和外商投资企业的区位选择",《经济学(季刊)》第5卷第4期,第1091—1108页。

[23] 周业安(2004),"地方政府竞争和市场秩序的重构",《中国社会科学》第1期,第56—65页。

后　　记

　　1984年,我开始上学。2014年,我出版人生的第一本书,一本关于中国经济地理研究的学术著作。

　　中国至大,地理十分重要。我的地理启蒙,孩提时代就已开始。在大学读地理系的哥哥,暑假归来总是背回印有很多地图的作业。那些夏天的记忆,总是定格在我伏桌前听他讲地图上的世界。我上学后,哥哥开始攻读研究生,回家的次数逐渐变少。但每学期他都不忘给我邮回一摞课外读物和一封勉励我读书的信。他的这一坚持一直陪伴到我的初中。在他的影响下,我读了他曾经读过的高中,在他读过的大学完成了本科,又在他任教的北大完成了硕士学业。爷爷八十大寿的时候,他写了副对联,"读万卷诗书心虚志满荆兖九州,耕半陇田亩寿高望重淮扬二府"。他的天赋才华,终不能及,但透过他的关爱,我看到了更远世界,已足够福气。感谢我的哥哥吴必虎老师。

　　地理的概念,学之于家教。而我对经济学的真正认识,则得益于我的博士导师。出国读书前,我读的都是经济学专业,可对于经济学研究并无清晰概念。到了国大,与老师一见得缘。从选课、文献推荐、论文选题、英文写作,到学术涵养提升,老师倾注心力。神谓彼得说:"鸡叫以先,你要三次不认我。"而我则多次不认经济学。在国大SDE院楼一层的那间远眺见海的办公室里,每次讨论中面对我对新想法的抗拒,老师总是微笑着多次讲解,直到我心悦接受。毕业后时空改变,我依旧和老师延续这样方式的讨论,汲取研究的灵感和提升对文献的理解。本书利用数据粗略分析了和老师讨论的部分想法,但远未达及老师对中国区域经济分析的高度和准确度。请老师为本书写序,亦是期待获得更多启迪和进一步研究的方向。感谢我的博士导师符育明老师。

毕业后,我有幸到复旦大学中国经济研究中心工作。过去的五年,我得到了中心各位老师的支持和帮助。值本书出版之时,我郑重表达对他们的谢意。感谢张军老师坚持学术为先,重视青年学者成长的管理理念,给大家构筑了研究中国经济的世界级平台。中心良好的学术氛围,是大家前行的重要动力。感谢陈钊老师和周伟林老师在我入职之初以不同方式提供的经济资助。与两位老师对中国产业和城市发展研究的经常讨论,使我在复旦能够继续受益良师。感谢殷醒民老师平常的教诲和乐观积极的鼓励。感谢章元老师和我共享办公室空间,毫无保留地和我分享研究经历。感谢陈诗一老师、陈梅老师、寇宗来老师、李婷老师、王永钦老师、詹璐老师和张晏老师等中心同事自始至终对我学术工作的关心。本书的出版,得到了中心的资金支持,一并表示感谢!

感谢复旦大学当代中国经济与社会工作室提供的学术交流平台。平台提供了每周和经济学院各位老师和同学交流学术工作和研讨文献的机会,还给予学术研究资助,我获益很多。感谢为平台倾注心血的陆铭老师和陈钊老师。谢谢他们自认识以来对我一直的关照和鼓励!

感谢一路以来对我提供很多照顾和帮助的师长和朋友。感谢大学时的李岚老师和硕士导师冯长春老师及成长中所有关爱过我的老师。感谢儿时好友曹兆龙、陈岗、皋铭、戴剑峰、顾辉、韩振亚和刘浩成等多年的

后 记

相伴相随。感谢大学时的好友张吉法和汤陈平对我十多年来兄弟般的关爱和帮助。感谢王新峰和秦波两位好友。"安得促席,说彼平生",在北大读书时他们俩就带着我一起合作有关中国城市的研究,至今如此。国大学业的完成,除了自身努力,更是感激很多人的支持和帮衬。感谢 Ms. Jane 和 Ms. Jackie 在生活上的照顾和关爱。感谢公衍涛、曹智、吴娟和林诚等好友。从生活到学业,他们时刻在我身边提供世界上最值得信任的友情。感谢学弟孙亮、周晟和学妹任荣荣、梁兰凤。在论文最困难的阶段,他们给予了我无限的支持和鼓励。感谢好友郑思齐和罗知一直督促我不断努力。感谢在复旦我认识的学生对我的眷爱,尤其是王铮、包承超、沈政达、戴元骏、杨尚铭、刘志阔、陈业、毛成学、郭翔宇、刘宇维、杨雷、钱骏杰、秦泰、孙永智、洪常越、徐茜如、刘妍和方菲等。

本书的出版,还要感谢一系列研究项目的支持,包括:新加坡国立大学博士项目奖学金、国家自然科学基金(71003026)、复旦大学"金苗"项目(10JM008)和复旦大学新教师科研启动基金。感谢新加坡国立大学东亚研究所(EAI,NUS)和复旦大学经济学院提供的数据支持。感谢北京大学出版社徐冰女士和黄炜婷女士在出版过程中提供的帮助。

在本书出版之际,我由衷谢谢我的家人。我的爸妈、岳父岳母、大姨、六姨、弟弟建华和弟媳宪宁、三哥必超、姐姐吴杰、表姐筱娟、小菊和姐夫玉斌以及所有徐吴两家亲戚从小到大的关爱和支持。最后,特别谢谢我的爱妻姜菁,对我默契、信任、理解、支持和平和。

吴建峰
2014 年夏天于上海